EL
MATRIMONIO
CREATIVO

EL
MATRIMONIO
CREATIVO

EL ARTE

DE MANTENER

VIVO

TU AMOR

ED Y LISA YOUNG

WHITAKER
HOUSE
Español

Edición: Ofelia Pérez

El matrimonio creativo
El arte de mantener vivo tu amor
ISBN: 978-162-911-689-1
E-book ISBN: 978-162-911-690-7
Impreso en los Estados Unidos de América
©2016 por Ed y Lisa Young

Este libro fue publicado originalmente en inglés como *The Creative Marriage: The
Art of Keeping Your Love Alive* por Creality Publishing, Octubre 1, 2002.

Whitaker House
1030 Hunt Valley Circle
New Kensington, PA 15068
www.whitakerhouseespanol.com

1 2 3 4 5 6 7 8 9 10 11 ᴡ 22 21 20 19 18 17 16

DEDICATORIA

Este libro está dedicado a mi querida esposa, que ha estado junto a mí durante más de veinte años, y quien fue y siempre será mi compañera constante, mi amante, mi amiga. Cualquier información que aprendí y que incluyo en este libro fue, en gran parte, gracias a su liderazgo, corazón y compasión a lo largo de nuestro recorrido juntos.

Gracias, Lisa, por estar diariamente comprometida a los votos que nos declaramos el uno al otro hace más de dos décadas.

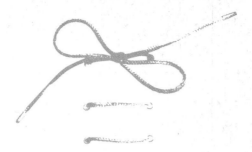

RECONOCIMIENTOS

Gracias a Cliff McNeely por tantas horas de trabajo en los procesos de redacción y edición. Gracias, además, a Andy Boyd y a Chris McGregor, que ayudaron a Cliff en varios aspectos de este proyecto.

Gracias a Jason Acker, de Acker Design, por su maravilloso trabajo tanto en la portada como en el contenido de este libro.

Muchas gracias a las personas de *Fellowship Church*, que siempre me apoyan y me permiten enseñarles cada semana. Más importante aún, me permiten aprender tanto de ustedes.

A mi madre y a mi padre les ofrezco mi eterna gratitud por haber modelado la clase de matrimonio bíblico de la cual escribo en este libro.

Y a quien dediqué este libro, a Lisa Young, y a mis cuatro hijos, LeeBeth, E.J., Landra y Laurie, gracias por su constante apoyo, amor y gracia para mi vida.

CONTENIDO

INTRODUCCIÓN

El título de este libro es *El Matrimonio Creativo*. ¿Por qué la creatividad? Me propuse, a lo largo de mis pasados veinte años de ministerio y matrimonio, que la creatividad fuera parte de todo lo que hago en la vida. En el camino, descubrí que todos nosotros somos seres creativos. Somos creativos porque fuimos hechos a la imagen de nuestro Creador creativo. Por lo tanto, la creatividad debería trascender en cada aspecto de nuestras vidas y de manera especial, en el matrimonio.

Necesitamos la creatividad matrimonial porque Dios inventó el matrimonio. Génesis 2:24 revela el plan que Dios tenía desde el principio: *"Por eso el hombre deja a su padre y a su madre, y se une a su mujer, y los dos se funden en un solo ser"*. Dios diseñó el matrimonio. Fue idea suya. Él lo instituyó.

También necesitamos la creatividad matrimonial porque Jesús la modeló. El Nuevo Testamento llama "novio" a Jesús y "novia" a la Iglesia. Dios les dice a los esposos que amen a sus esposas, así como Cristo amó a la Iglesia.

¿Cuánto amó Dios a la iglesia? Efesios 5:25 dice: "...*Cristo amó a la iglesia y se entregó por ella*". Dio su vida por ella. No lo merecíamos; no hay nada que tú ni yo podamos hacer para recibir lo que Jesús hizo por nosotros, pero con un amor sacrificial, santo y apasionado, Cristo dio su vida por su novia.

Esposos, si amaran a sus esposas como Cristo amó a la iglesia, tendrían un matrimonio maravilloso, algo especial. Finalmente, necesitamos la creatividad matrimonial porque el matrimonio simplemente la requiere. Tú y yo la necesitamos. Tu matrimonio se mueve en una dirección u otra, y hace falta creatividad para hacer que vaya en la dirección correcta a la vez que tratas de suplir todas las necesidades cambiantes de tu esposa.

Defino la creatividad matrimonial como el arte de mantener vivo el amor, e iré ampliando esta definición a lo largo del libro. El amor es, ante todo, un compromiso, así que en el primer capítulo hablaremos de la importancia de mantener los votos matrimoniales, y la ética laboral que se necesita en el matrimonio para construir el fundamento para un matrimonio exitoso.

El segundo capítulo habla de la comunicación. ¿Adivina qué? A veces yo tengo problemas de comunicación en mi matrimonio. ¿Y tú qué? La Biblia habla mucho de la comunicación, así que veremos cómo hacerlo desde una forma creativa.

En el tercer capítulo veremos de qué manera el conflicto creativo lleva a mayor intimidad. Me preocupa la gente que solo dice: "Nosotros no peleamos. No discutimos. Nunca estamos en desacuerdo". Hola, ¿acaso están vivos? El conflicto no tiene que ser algo malo. Si se le maneja creativa y correctamente, puede ser la forma apropiada para fortalecer tus lazos matrimoniales.

El cuarto capítulo puede ser un libro en sí mismo. Se llama "Intimidad creativa", y habla de cómo amar con creatividad a tu cónyuge, en lo físico.

El quinto capítulo toca uno de los temas de mayor lucha en el matrimonio: el dinero. Echaremos un vistazo a la forma en que tu familia y tú pueden defenderse creativamente contra el monstruo del dinero.

El sexto capítulo trata la importancia de darle prioridad a tu cónyuge por encima de los hijos, o de cómo tener una familia que se centra en tu cónyuge. Si el matrimonio es fuerte, la familia también lo será.

Y luego, en el último capítulo, mi esposa Lisa y yo respondemos las preguntas más comunes que nos han hecho acerca del matrimonio.

Déjame agregar que creo que cualquier matrimonio puede mejorar veinte por ciento solo con este libro, el cual está basado en el manual de Dios para un excelente matrimonio. En verdad lo creo. Así que, mientras comienzas a leerlo, pídele a Dios que te dé la energía y la capacidad creativa que necesitas para mejorar tu matrimonio, y llevarlo a otro nivel. Luego, permite que Él trabaje en tu vida mientras te comprometes a construir un matrimonio creativo.

CAPÍTULO 1

UN FUNDAMENTO CREATIVO

Cómo establecer la base para un matrimonio creativo duradero

Lo he dicho miles de veces. Al concluir una boda, he mirado a los ojos a los novios y les he dicho: "Los declaro marido y mujer, ante Dios y todos los testigos reunidos hoy aquí". Y luego agrego de la Biblia: "Lo que Dios ha unido, que ningún hombre lo separe". Y a esta altura todo parece tan perfecto, tan apropiado. El novio y la novia intercambiaron votos, anillos y besos. El matrimonio es duradero, ¿verdad?

Bueno, no respondas tan rápido. Una vez que le agregues un par de hijos, los suegros, algunos problemas financieros y los pesares de la vida, el matrimonio ya deja de parecer tan maravilloso.

Algunas parejas me dicen: "Ed, tenemos un muy buen matrimonio. Estamos más enamorados hoy que cuando nos casamos. ¡El matrimonio es maravilloso!"

Otras parejas dicen: "Bueno, es promedio. Es mediocre. Estoy cumpliendo mi condena en esta celda de lo predecible". Dicen:

"¿Para siempre? Mejor nos vamos a la quiebra. Mi matrimonio está sostenido en un pequeño alfiler. Está en la ruina".

A Dios le interesan mucho los matrimonios: la relación matrimonial es la relación terrenal más importante que tenemos. Noventa y cuatro por ciento de nosotros nos casaremos por lo menos una vez en la vida, mientras que entre setenta y setenta y cinco por ciento de aquellos que se divorcian vuelven a casarse dentro de dos años.

Aunque vemos cifras récord de matrimonios que fracasan, millones de personas se casan cada año. El matrimonio es el ancla de la unidad familiar. Le comunica muchas cosas a nuestros hijos. Los buenos matrimonios pueden cambiar nuestras comunidades, ciudades, naciones e incluso nuestro mundo.

Hay muchas cosas en juego, por lo que es importante volver al inicio del pacto matrimonial, y a los votos que hacen que el pacto se mantenga firme.

El valor de los votos

¿Recuerdas todo lo que dijiste el día de tu boda? "Amar, honrar, cuidar, en salud o enfermedad, en prosperidad o adversidad, dejando a todos los demás, para apoyarse el uno al otro mientras los dos vivan." A eso me refiero.

"Un momento", exclamas, "solo dije eso una vez, y tenía pánico de ni siquiera saber lo que estaba diciendo".

Ninguno de nosotros en verdad sabemos a qué nos estamos comprometiendo el día de la boda. Si supiéramos todas las cosas en las que nos involucraremos en nuestra relación matrimonial, muchos de nosotros tendríamos demasiado temor como para casarnos. Por eso es que esos votos matrimoniales son críticos; porque proveen una base de estabilidad para tu pareja. Son una solemne promesa que cada uno de nosotros hace ante Dios, ante un ministro, ante nuestros familiares y amigos, de mantener el pacto matrimonial durante los tiempos buenos y los malos.

Hace poco acompañé a Lisa a su reunión de ex alumnos de "hace veinte años". Al entrar al salón, las luces titilaban, y la pista de baile estaba repleta. Videos de esos días de gloria eran proyectados, y personas veinte años mayores, con veinte kilos demás, trataban de moverse y bailar como lo hacían antes. ¡Era también veinte veces más entretenido verlo ahora que durante la secundaria!

¿Qué sucedía en esta celebración? El comité organizador estaba tratando de traer el pasado al presente. Intentaban hacer que acontecimientos de veinte años atrás fueran vigentes hoy. Y eso es precisamente lo que quiero hacer con tus votos matrimoniales. Toma esas promesas que hiciste ante Dios y los demás testigos en tu boda, y persíguelas apasionadamente en el presente.

En una conversación que tuve con un gran amigo acerca del matrimonio me dijo: "Ed, tan pronto se acabó la luna de miel, mi esposa se enfermó gravemente. Ha estado enferma durante los diecisiete años de matrimonio. No hay nada normal acerca de nuestro matrimonio; la intimidad no es normal, las comunicación no es normal, el sexo tampoco es normal".

Luego me miró y me dijo: "Cuando recité esos votos, cuando dije 'en salud y enfermedad', lo dije en serio. Lo dije en serio".

Cuando me contó esta historia, oré en silencio: "Dios, permite que ese sea yo". Y espero que tú también estés dispuesto a orar eso. "Que yo sea esa persona." Recuerda: Amar, honrar, cuidar, en salud y enfermedad, en prosperidad y adversidad, para siempre.

Esto no es nada así nomás. Cuando recitaste tus votos, le diste tu palabra a Dios. Entraste en un pacto con Él. En el Antiguo Testamento, el pacto era un juramento que requería que se derramara la sangre de un animal. Al firmar este pacto, el Señor fue llamado a ser testigo de esta transacción. En otras palabras, esta fue una decisión importante. ¿Por qué no traer tus votos del pasado al presente? Hazlos vigentes.

Seguro no se te ocurriría salir de la casa con ropa a la última moda, y con un peinado de los setenta. Sería muy irresponsable de tu parte dejar caducar tu póliza de seguro. Tampoco considerarías no pagar la cuota de tu hipoteca. Te mantienes al día con esas cosas porque son prioridades.

¿Acaso no es el matrimonio una prioridad aún mayor? Permíteme desafiarte a que te mantengas al día con tus votos matrimoniales. Te sugiero que se los recites a tu pareja por lo menos una vez al año. Esta sería una gran forma de celebrar tu aniversario de bodas cada año. No tienes que decirlo palabra por palabra como lo hiciste en la boda. Pero pon el mismo sentir de esos votos en tus propias palabras. Dile a tu cónyuge cuánto le amas. Déjale saber qué tan en serio te tomas el compromiso de amarle, y que el matrimonio no está basado en unas pocas emociones. Recuérdale tu compromiso eterno, no importa lo que suceda. Dale la seguridad de tu amor, honor y fidelidad. Déjale saber que nada se interpondrá entre los dos mientras vivan. Trae las promesas del pasado al presente, persíguelas con pasión y sigue llevando esos votos al futuro.

Tomé los votos matrimoniales y los puse en una frase muy actual:

"Me comprometo, ante Dios y ante ti,

a amarte, honrarte y respetarte, creativamente,

en cada situación, por el resto de mi vida".

¿Por qué son tan importantes estos votos? Estos votos comienzan con "Me comprometo ante Dios". Podemos hablar mucho de la creatividad hasta que el zapato nos empieza a apretar. Podemos hablar mucho de los votos, pero todo comienza con Dios. Tenemos que estar de acuerdo con Él. Lo que entendemos y apreciamos del compromiso matrimonial proviene de nuestros votos, y fluyen del compromiso que Dios, por medio de Cristo, ya hizo con nosotros. Cuando nos damos cuenta que Dios nos ama incondicionalmente, eso nos dará la fortaleza para vivir una vida comprometida con Dios, y la fuerza necesaria para un matrimonio dinámico y duradero.

La matemática del matrimonio es dos que se vuelven uno. Y para los seguidores de Cristo, esa matemática toma otra dimensión, porque tenemos una conexión sobrenatural por medio de nuestra relación con Cristo. Una vez establecido esto, Cristo nos dará la fuerza y la habilidad para trabajar, crear y para mantener nuestra parte de los votos.

Por lo tanto, cuando hablas con tu pareja y parece interrumpirse la comunicación, o cuando quieres salir corriendo por la puerta en desesperación, de pronto tus votos matrimoniales resonarán en tu mente. Tal vez puedas escribirlos mejor que yo, pero no te olvides que todo comienza con Dios a través de tu relación personal con Su hijo, Jesucristo.

Cuando te encuentres con un conflicto y sientas la temperatura elevándose, recuerda el valor de los votos.

Cuando uno tiene ganas de tener sexo y el otro no, recuerda el valor de los votos.

Cuando llegues al final de un día difícil, estés de mal humor, y estés que explotas con tu pareja, recuerda el valor de tus votos.

Cuando las presiones de ser padres comiencen a interferir con el tener tiempo para salir como pareja de manera regular, recuerda el valor de tus votos.

Recuerda… Recuerda… ¡Recuerda!

Si voy a recordar el valor de mis votos: amar, honrar y respetar, debo darme cuenta que vivir estos votos sagrados conlleva una ardua labor. El compromiso de mantener un matrimonio exitoso requiere que te arremangues, y que te ensucies las uñas. Ese es el siguiente aspecto fundamental para construir un matrimonio creativo.

Un inagotable "ELM"

Hace poco abordé un vuelo para ir a hablar a una conferencia en la cosa oeste de los Estados Unidos. Después de sentarme en la clase turista, comencé a observar a los demás pasajeros abordar. Un hombre entró con una cara que claramente indicaba que tenía un mal día. Pasó por primera clase mirando con envidia los asientos vacíos allí, y se sentó en la clase turista, al otro lado del pasillo donde yo estaba.

Estaba buscando una pelea. Poco después del despegue, golpeó al señor que tenía delante, y le dijo que no reclinara su asiento.

Asomó su cabeza para espiar dentro de la cabina de primera clase, donde ya habían comenzado el servicio de bebidas.

Finalmente, cuando la azafata cruzó, le dijo: "Disculpe, querida. Veo que tienen asientos vacíos en primera clase. ¿Hay alguno disponible?".

Ella le sonrió dulcemente y dijo: "Hay asientos vacíos, pero no hay ninguno disponible para usted".

El hombre se sentó, furioso. Un minuto después sacó su billetera, y buscó entre sus tarjetas. La misma azafata pasó y dijo: "Señorita, tengo esta tarjeta de viajero frecuente, y me pregunto si podrán ponerme en primera clase."

Ella sonrió nuevamente y dijo: "No", y siguió caminando.

¿Qué sucedía aquí? Este señor quería meterse en primera clase, pero no había pagado el precio.

Lo mismo sucede en el matrimonio. Si quieres tener un matrimonio de primera clase, tienes que pagar el precio. La etiqueta o el precio es una dura labor, pero la recompensa hace que la inversión valga la pena.

Los grandes matrimonios mantienen un inagotable "ELM": una Ética Laboral Matrimonial. Es triste ver que todos estamos interesados en la gratificación instantánea que promueve nuestra cultura. Si no es fácil, rápido, instantáneo, descartable, de un día para otro, no queremos saber nada. Pensamos que si requiere mucho trabajo no puede ser tan gratificante.

Entonces, un día nos casamos y descubrimos que sí lleva mucho trabajo, negociación, sudor, sangre, dolor y sacrificio, y que sí es para siempre. Nuestra cultura "desechable" choca con mantener una relación matrimonial. Con razón hoy en día tantos matrimonios abandonan sus votos y terminan en divorcio.

Pídele a Dios que desarrolle en tu espíritu una Ética Laboral Matrimonial. El matrimonio requiere labor. Y para llevar a cabo esa labor de manera positiva y consistente, a lo largo de décadas, es necesaria la creatividad. Por lo tanto, necesitamos desesperadamente la creatividad matrimonial.

Nos enamoramos cuando otro ser suple nuestras necesidades emocionales. Como esas necesidades cambian mucho, el cumplirlas a diario, requiere trabajo y creatividad. Mis necesidades a los veintiún años de edad eran completamente distintas a las de los treinta y uno, y estas distintas a las de ahora.

El amor comienza a menguar cuando un cónyuge dice que ya no quiere suplir las necesidades emocionales del otro. Las personas pueden decidir no suplir esas necesidades por un número de razones. Algunos dicen: "Olvídate de la Ética Laboral Matrimonial". Otros solo hacen lo mismo que han hecho siempre, lo mismo, de la misma manera, y de alguna forma esperan distintos resultados. ¿Acaso no es esa la definición de demencia?

Tienes que entender que hacer las cosas de la misma manera de siempre no funciona, porque nuestras necesidades emocionales son blancos móviles. Estas necesidades emocionales son suplidas cuando uno estudia a su pareja. Tienes que en verdad conocerla si quieres suplir sus necesidades. Esto no es fácil, pero sí vale la pena.

El amor en el matrimonio florece cuando los dos trabajan juntos para suplir las necesidades del otro. Tal vez lees esto y piensas:

"Wao, Ed, a ti te es fácil escribir sobre el matrimonio. Hace más de veinte años que estás casado, y tienes un buen matrimonio. Eres pastor, así que tienes todo bajo control. No tienes ni idea de lo que es mi matrimonio". Lisa y yo tenemos un gran matrimonio. Amo más a Lisa hoy que lo que la amaba hace dos décadas atrás. Pero atravieso los mismos retos, los mismos conflictos, las mismas tentaciones que tú. Soy un ser humano, y tú también lo eres; estamos juntos en esto.

El matrimonio nos ha costado mucho trabajo a Lisa y a mí, pero el trabajo vale la pena. Lo que veo es que las parejas llegan a un punto en la unión, y no tratan con la basura personal que se encuentra en la raíz de sus problemas. Simplemente tiran la toalla, abandonan sus votos, y optan por el divorcio. En vez de buscar soluciones creativas a sus problemas conyugales, llevan esa misma basura al próximo matrimonio, y al siguiente, y al otro.

Este tipo de situaciones se vuelven absurdas rápidamente. Trata con la basura ahora. Trabaja en eso ahora, y sigue trabajando tanto como te sea necesario. Haz un compromiso ante Dios de mantener la creatividad en tu matrimonio a largo plazo: "Dios, este trato es en serio. Voy a hacer que la creatividad y la innovación sean características permanentes en mi matrimonio".

Dios hace grandes cosas, y quiere hacer cosas aún mayores en cada matrimonio. Mi matrimonio necesita mejorar. Tu matrimonio necesita mejorar. Así que desarrollemos y vivamos el valor de nuestros votos a la vez que nos comprometemos a una Ética Laboral Matrimonial. El matrimonio es en serio, y construirlo con creatividad cambiará el curso de tu vida y de la mía.

Un verano llevé a mi familia de vacaciones a California. Manejaba tarde en la noche, a eso de las once, en una camioneta

Suburban repleta con cuatro niños y otros amigos que estaban con nosotros. Yo hablaba bastante, y Lisa me daba las indicaciones porque soy malo para ubicarme. De pronto, veo en mi espejo retrovisor algo que hace que muchas personas insulten por lo bajo, y digan palabras que como pastor no debo mencionar.

"Oh, Lisa, me están parando." Aminoré y me puse a un costado del camino. Esto era justo saliendo del retiro para jóvenes de nuestra iglesia que se llevó a cabo en la playa, donde varios pastores y yo nos habíamos teñido el pelo rubio platinado. Y aún seguía rubio.

El oficial se acercó a mi ventanilla, se acercó y me dijo: "Señor, usted venía zigzagueando un poco, ¿acaso estuvo bebiendo?".

"No, oficial. No bebo. Soy pastor en el área de Dallas Fort Worth", respondí.

Me miró, específicamente el pelo rubio platinado, y dijo: "Claro que sí. Permítame su licencia de conducir, señor". Comencé a revolver las cosas para encontrar mi billetera, mientras que Lisa levanta una botella de agua, sacudiéndola ansiosa: "Mire, estamos tomando agua embotellada".

La verdad es que no le pareció para nada gracioso. El oficial miró mi licencia, luego al auto y dijo: "Bueno, hay muchos conductores ebrios en este camino. Veo que están de vacaciones y que no han estado bebiendo. Solo mantenga el vehículo entre las líneas del carril, ¿de acuerdo?".

En verdad, Dios "patrulla" las carreteras de nuestras vidas. ¿Acaso no? Muchos matrimonios están zigzagueando, van para un lado o para otro. Y como ese patrullero de carretera, Dios nos detiene, verifica nuestros matrimonios, y nos deja seguir adelante. Nos dice: "Manténganse dentro de las líneas; dentro de los parámetros, de mis barandas protectoras, de mis reglas para un matrimonio exitoso".

Tú puedes tener un excelente matrimonio. Dios quiere que sea así. Él es tu mejor animador en el matrimonio. Pero primero tienes que estar dispuesto a decir: "Estoy listo para hacer lo que sea para tener una relación exitosa con mi cónyuge. Quiero hacer las cosas como Dios quiere". Tener un matrimonio excelente comienza contigo y Dios.

Sé lo tentador que es pensar en los problemas de tu cónyuge, en vez de los tuyos, cuando lees un libro acerca del matrimonio. Será tentador pensar a cierta altura en la lectura: "Ed, gracias por golpearlo a él justo en la cabeza. Lo necesita. Golpéalo, Ed. Dale fuerte de lado a lado". O decir: "Ella me ha estado haciendo esto por los últimos veintitrés años. Gracias por decir eso, Ed. Voy a dejar el libro abierto sobre la mesa justo en esta parte para que tal vez capte la idea".

No hagamos eso. No tengo que pensar en Lisa, ni ella tiene que pensar en mí. Tenemos que pensar en nuestra propia necesidad de cambio. Muchos de nosotros nos obsesionamos con lo que hace nuestro cónyuge, o con lo que deja de hacer, y olvidamos qué cosas debemos cambiar en nuestras vidas. Permite que Dios obre en tu corazón y tu mente, y así te ayude a descubrir qué y cómo hacer para que tu matrimonio sea más apasionante, más vivo y más creativo que nunca antes.

Principios para una base creativa

+ Asegúrate que Dios esté en el centro de tu matrimonio. Dios creó esta institución y te creó a ti. Dios te alienta mientras trabajas para mejorar tu relación con él y con tu cónyuge.

+ Piensa en el potencial creativo que te fue dado por tu Dios creativo. De la misma forma que usas la creatividad en el trabajo, aplica esos dones en tu matrimonio.

+ Pídele a Dios que fortalezca tu determinación al comprometerte nuevamente a cumplir tus votos. Cumple y sigue en el presente los votos que hiciste en el pasado con pasión.

+ Carga tu Ética Laboral Matrimonial. Arremángate e invierte en la relación más importante que jamás tendrás fuera de tu relación con Cristo.

CAPÍTULO 2

COMUNICACIÓN CREATIVA

Cómo edificar y beneficiar al cónyuge con comunicación positiva

Toma un par de minutos, y deja que las siguientes frases cobren sentido:

"Eviten toda conversación obscena. Por el contrario, que sus palabras contribuyan a la necesaria edificación, y sean de bendición para quienes escuchan."

"Como naranjas de oro con incrustaciones de plata son las palabras dichas a tiempo."

"Todos deben estar listos para escuchar, y ser lentos para hablar y para enojarse."

Si no los reconociste, acabo de citar pasajes de la Biblia enfocados en el tema de la comunicación (Efesios 4:29, Proverbios 25:11 y Santiago 1:19 respectivamente). La Biblia es un tratado sobre el hablar y el oír.

Esposos y esposas, piensen por un segundo cuando estaban de novios, cuando todo, especialmente la comunicación, fluía. Todo parecía tan fácil y sin esfuerzo alguno, ¿verdad? ¿Recuerdan las facturas telefónicas de triple dígitos, las largas caminatas y ustedes dos siendo los últimos en irse del restaurante?

El momento en que el pastor los pronunció marido y mujer, cuando firmaron el acta de matrimonio, esperaban que la comunicación se profundizara, ¿verdad? Todavía esperaban las charlas románticas, los largos paseos, y cerrar los restaurantes juntos.

Pero algo cambió, algo que no logran descifrar qué es. Las conversaciones se volvieron densas, predecibles, y aburridas. Tal vez dejaron las largas caminatas por hacer unos simples mandados. Tal vez dejaron de cerrar los restaurantes, y comenzaron a usar la ventanilla del autoservicio.

En vez de tener largas conversaciones románticas por teléfono, comenzaron a intercambiar mensajes de correo de voz. Sus charlas tal vez pasaron de ser sueños y aspiraciones, planes y promesas, a frases cortas. Tal vez, simplemente tal vez, la comunicación (la destreza de oír y hablar) no es lo que solía ser.

Lo que separa a los grandes matrimonios de los no tan buenos es obvio. Los matrimonios excelentes se componen de hombres y mujeres que, de manera tenaz, abordan el tema de la comunicación excelente. Y hay tres ingredientes necesarios para una comunicación eficaz. Solo necesitas una mente activa, un par de orejas y una boca. La clave es concentrar todos estos poderosos recursos para interactuar con tu pareja. Tienes el potencial de convertirte en un gran comunicador, pero hace falta mucho trabajo y persistencia.

Los buenos matrimonios no "suceden" solos. Estos matrimonios tienen esposos dedicados y esposas que trabajan si cesar, especialmente en el tema de la comunicación. Todo tiene que ver con el ELM que hablamos antes. Y el compromiso de trabajar juntos en la comunicación diaria, además de mantener la creatividad, debe nacer de los dos.

Los matrimonios difíciles no "suceden porque sí". Las relaciones con problemas son producto del abandono, falta de trabajo y falta de ética matrimonial. Tal vez el matrimonio comenzó viento en popa pero, con el tiempo, comenzaron a tener problemas. Y en vez de trabajar en esos problemas de comunicación en el matrimonio (sí, todos los tenemos), estas parejas se dan por vencidas y dicen: "Bueno, así son las cosas. No hay nada que podamos hacer". Tienes que luchar por tu matrimonio. Tienes que luchar para mantenerte cerca de tu cónyuge, para comunicarte con tu pareja aunque sea doloroso, y para usar todos tus recursos creativos para romper con las barreras cuando tu matrimonio es aburrido, y los problemas parecen ser inagotables.

Ningún aspecto del matrimonio necesita mayor innovación, creatividad y una ética laboral de trabajo como la comunicación. Tiene influencia sobre cada ámbito de nuestro matrimonio. Donde llega la comunicación llega la resolución de conflictos. Donde llega la comunicación, llega el sexo. Donde llega la comunicación, llegan la intimidad y el romance. La lista no tiene fin.

Tenemos varias opciones cuando hablamos sobre la comunicación. Estas opciones son reveladas en Efesios 4:29. Comienza con: *"Eviten toda conversación obscena…"* Nuestra primera opción es una conversación obscena. ¿Pero qué significa esto?

Un caluroso día de junio en Texas llevé a pescar a Landra, una de mis gemelas que tenía cinco años en aquel entonces. Pasamos un tiempo maravilloso pescando en el pequeño lago cerca de casa.

Landra, como la mayoría de los niños, no solía desprenderse de ningún pez que atrapábamos, y quería quedarse con todos. Ahora, mi regla general es la de devolver al agua lo que pesco, pero le dije a Landra que podía quedarse con uno para mostrarlo a su mamá.

Sin embargo, no me di cuenta lo traviesa que Landra podía ser. Con un pez en la mano, el que le dije que podía llevar, logró esconder otro pez en la caja de pesca.

Llegamos a casa y les mostramos el pez a todos. Lisa, como siempre, estaba orgullosa. Incluso le sacamos una foto al pequeño pescado. Después de ese momento *Kodak*, descargué la camioneta y guardé la caja de pesca.

Adelanta el reloj unos diez días después, y agrégale las temperaturas altísimas de Texas. Lisa me mira una tarde y me dice: "Cariño, algo huele horrible en nuestro garaje. Creo que hay algo muerto".

Como nuestra casa quedaba cerca de un bosque, tenía mucho sentido que se tratara de una pequeña criatura del bosque que se hubiese trepado hasta el garaje entre todas las bicicletas, las patinetas, los patines, los autos de baterías, para tomar su último respiro.

No se me conoce por un buen sentido de la vista, pero sí tengo un gran sentido de olfato. "No te preocupes, Lisa", dije. "Lo olfatearé".

Entré al garaje y puse mi poderoso sentido del olfato a trabajar. A medida que me acercaba a la fuente, me pareció detectar un pez podrido. Pero no había forma de que un pez se apareciera en mi garaje, ¿verdad? Te equivocas. Mi nariz me llevó a una esquina donde guardo mis cosas de pesca. Y el olor venía de, ya saben, la caja de pesca.

Abrí la caja de pesca, y el olor casi me mata; era horroroso. Con esa nueva libertad, el olor pasó por debajo de la puerta y entró a la casa. No es necesario que diga que Lisa no estaba contenta.

Mientras estudiaba Efesios 4:29, busqué el significado original de la palabra "obsceno". Significa, literalmente, pescado podrido. Esposos y esposas, podemos arruinarle el espíritu a nuestra pareja al no saber escuchar.

¿Alguna vez estuviste con algún matrimonio donde puedes sentir el olor a pez podrido? Puedes darte cuenta que tienen cosas podridas en sus vidas, porque hablan cosas completamente obscenas. Destrozan la autoestima con frases como: "Tú nunca", o "Tú siempre", o, "¿No te das cuenta lo afortunado o afortunada que eres por haberte casado con alguien como yo?". Eso es obsceno, un pez podrido.

Este es un tipo de comunicación que tenemos, pero espero que estemos de acuerdo que no es la mejor opción. Cónyuges, tenemos tanto poder con nuestras palabras debido al octanaje detrás de ellas. Y muchas veces no nos damos cuenta el daño que dichas palabras pueden llegar a hacer. No arruines el espíritu de tu pareja. No pongas peces podridos en la caja de pesca de tu cónyuge.

Afortunadamente existe otra opción. Veamos Efesios 4:29 otra vez: *"Eviten toda conversación obscena. Por el contrario, que sus palabras contribuyan a la necesaria edificación y sean de bendición para quienes escuchan".*

Podemos arruinar el espíritu de nuestro cónyuge, o podemos edificar y beneficiarle con una comunicación positiva. Yo debiera decirle a Lisa solo lo que es bueno para edificarla, como "Te admiro por esto", o "Qué bien haces esto". "Nadie aprecia lo que aportas, pero yo sí lo noto, y créeme que lo aprecio y te agradezco grandemente."

No hay nada como ser energizado por tu pareja. Un cumplido de parte de un compañero de trabajo o de un amigo es lindo, pero nadie más tiene el poder de restaurarte con palabras como tu cónyuge.

Me gusta la siguiente parte del versículo donde habla de edificarse mutuamente *"según sus necesidades"*. Los grandes comunicadores saben cómo hacerlo. Disciernen la situación, y aprenden cómo deben contestar. Tienen respuestas adecuadas, palabras adecuadas, libros adecuados, y hasta gestos adecuados para la situación.

El versículo termina: *"y sean de bendición para quienes escuchan"*. Otras traducciones dicen: *"para que imparta gracia a los que escuchan"* (LBLA). En otras palabras, mi voz puede ser un vehículo que Dios usa para bendecir con su gracia a quienes me oyen.

Cuando le comunico palabras de amor a Lisa, Dios puede usar mis cuerdas vocales para comunicar Su amor, Su comprensión, Su aliento y compasión por ella.

Un paso adelante en la comunicación

La interrogante que merece ser atendida es, ¿cómo se logra este avance? Puede que digas "Claro, Ed, no quiero desanimar a mi cónyuge. Sé que crucé la línea, que le dije cosas extremadamente ofensivas, pero quiero cambiar. ¿Cómo lo hago?".

Hay muchas cosas que podemos hacer para acelerar la curva de aprendizaje; varios pasos prácticos que podemos tomar para beneficiar y edificar a nuestro cónyuge. Estos pasos son elementos esenciales del arte de mantener vivo el amor en nuestro matrimonio.

Pero antes que veamos estos pasos, hay una advertencia. Esto no es cristianismo ligero y liviano. Lo que menciono es difícil. Es sumamente duro, pero vale la pena. Soy comunicador, vivo de eso, y aún así me falta mucho por aprender. Si no me crees, pregúntale a Lisa.

Quiero contarte de manera abierta, sincera y auténtica, algunas de las luchas por las que hemos atravesado, así como cosas buenas que hicimos para mejorar nuestra comunicación. ¿Podemos mejorar? Sí. Lisa y yo esperamos ver un veinte por ciento de mejoría después de terminar este libro.

Tómate un receso

No sé si recuerdas el comercial de *Kit-Kat*. "Dame un receso, dame un receso, dame un pedacito de ese *Kit-Kat*." La cadena de comida rápida *McDonald's* solía decir: "Te mereces un receso hoy". No soy un fanático de la comida rápida, pero me encanta la creatividad de estas campañas publicitarias. Recuerdo sus *jingles* vívidamente, y eso que fueron hace muchos años atrás. ¿Notaste la palabra "receso" en ambos comerciales?

Creo que hallaron algo muy importante. Todos nosotros corremos a mil por hora. Estamos siempre estresados. Cargamos todo lo que podemos cargar y aún mucho más. ¿Qué tal tu matrimonio? ¿Alguna vez consideraste tomarte un receso para edificar tu matrimonio?

No me refiero a que vayamos a llenarnos de azúcar y grasas saturadas, sino a darle a tu matrimonio un receso de la tecnología, un receso electrónico. ¿Has notado cuánto nos puede ayudar, y a la vez perjudicar la tecnología? Me encanta la tecnología, pero me doy cuenta que es una forma fácil de que Lisa y yo nos distraigamos respecto a la relación. Para que estos recesos funcionen, deben ser estratégicos e intencionales. No esperes a desarrollar el síndrome del túnel carpiano para tomarte un receso de la tecnología.

Aquí viene mi punto. Lisa y yo tenemos una noche para salir juntos, por lo general una vez por semana, o por lo menos dos veces al mes. Una noche en particular, mientras conducía hacia el lugar de la cita, tenía el celular pegado a la oreja. Hablaba del trabajo y de las cosas de la iglesia. Tenía muchas cosas grandes e importantes qué atender, cosas que debía hablar en ese momento en particular. Después de todo, soy el pastor principal de una gran iglesia, y debo estar disponible las veinticuatro horas del día y bla bla bla bla. Este argumento puede seguir hasta no parar.

Después de hablar por unos cuarenta y cinco minutos, noté que me había equivocado. Permití que la tecnología robara momentos preciados con mi esposa Lisa. Cuando pienso en esa noche, no tengo la menor idea de qué tipo de asunto discutía en ese entonces por celular. No tengo idea. Pero sí sé que me perdí unos buenos momentos de comunicación al permitir que la tecnología nos robara el tiempo juntos.

La tecnología es algo paradójica, ¿verdad? Tenemos todas estas cosas que se supone mejoren la comunicación: el correo electrónico, el buzón de voz, los bípers y los celulares. La lista no tiene límite. Sin embargo, son estos mismos artefactos los que dañan la comunicación con aquellas personas que más nos interesan.

Estos hermosos aparatos mueven el mundo de los negocios de hoy día, pero su perversidad en nuestra vida diaria puede bloquear las ondas de la comunicación matrimonial abierta, sincera y frecuente.

Esto es lo que Lisa y yo hicimos. Varias veces a la semana hacemos lo que llamamos "un ayuno telefónico". No nos levantamos. No vamos hacia el teléfono. Obviamente tenemos identificador de llamadas y se puede revisar quién llama. Pero lo que yo descubrí fue algo muy valioso, y eso fue hace tiempo atrás. Yo soy el dueño de todos mis teléfonos. Los teléfonos no son mis dueños. No estoy obligado a responder una llamada cuando no quiero hacerlo. Hacemos un ayuno telefónico por dos o tres horas, y pasamos tiempo en familia.

Además, nos tomamos un tiempo para hablar solos los dos. Aprendí que debes dejar a un lado estos aparatos electrónicos para poder tener ese tiempo. ¿Acaso eres tú también una persona atada y conectada? ¿Será que la tecnología te quita tu comunicación?

Juega en el lugar apropiado

La próxima sugerencia es lo que denomino respetar el tiempo de tu cónyuge. Si voy a edificar y bendecir a esta persona, si quiero convertirme en un gran comunicador con mi pareja, entonces debo respetar su horario. ¿Te has dado cuenta cómo lo opuesto se atrae? A veces una persona que es madrugadora se junta con una trasnochadora.

Esto es lo que sucede. Digamos que, por ejemplo, el esposo es una "persona PM" y la esposa una "persona AM". A veces el esposo va a intentar convencer, y hasta a humillar a su esposa para que ella vuele hasta su horario. "Ven aquí, a mi horario. Es aquí donde estoy alerta. Aquí me siento de maravilla, te encantará." Date por vencido. No va a funcionar ni tampoco es justo para tu esposa.

Yo soy por naturaleza una lechuza nocturna, y Lisa es por naturaleza una persona matutina. Y este es el compromiso al que hemos llegado. Hemos establecido nuestro horario. Me voy a dormir más temprano de lo que normalmente haría, y ella se va a dormir más tarde de lo que normalmente haría. Ahora tenemos nuestro propio horario, para estar alertas, preparados y listos para la comunicación. Cuando ustedes dos encuentran su propio horario placentero, se darán cuenta de que su habilidad para comunicarse estará en su punto más alto. ¿Y qué de ti? Déjame animarte a trabajar en dicho horario.

El escritor del libro de Proverbios le dio justo en la cabeza a esto en Proverbios 25:11: *"El consejo oportuno es precioso, como manzanas de oro en canasta de plata"* (NTV).

Cuidado, esposa, ¿cómo quieres conseguir joyas de tu esposo todos los días? Bueno, este versículo dice que lo puedes lograr. Él te puede dar joyas verbales, si se comunica en el momento correcto en el horario correcto.

Observa las señales de límite de velocidad

Otra forma de construir y beneficiar a nuestro cónyuge es observando las señales de límite de velocidad. En nuestra sociedad atropelladora, tenemos que encontrar formas que nos permitan bajar la velocidad, y salir de los bulevares muy transitados. O lo que es para el viajero internacional: pierde la mentalidad de autopista. Algunos de nosotros necesitamos reconocer nuestros propios límites de velocidad, aplicar los frenos, y tomar la rampa de salida a una vida más tranquila y con significado. Por más que querramos negarlo, todos tenemos límites. No somos máquinas, y necesitamos dejar de actuar como si lo fuéramos.

Muchos de nosotros estamos más desafiados, más comprometidos y sobre estimulados. Vamos de compras, a prácticas de fútbol, y a otras actividades recreativas camino al olvido. Estamos viajando a velocidades tan altas que vamos a terminar deslizando sobre el agua la relación terrenal más importante, nuestra relación con nuestro cónyuge.

Y mientras vamos manejando en el transitado bulevar, la conversación usualmente es la siguiente:

"¿Cómo estuvo tu día?".

"Bien. ¿Qué hay para cenar?".

"No lo sé."

"¿A qué hora es la práctica de fútbol?".

"A las seis. Te amo."

"Yo también te amo."

Nos metemos en ese carril rápido y empujamos las cosas grandes, esas conversaciones sinceras, y esos diálogos espirituales, a un lado de la calle. Y luego un día, durante nuestro momento anual de introspectiva, miramos por el espejo retrovisor, vemos destrozo tras destrozo en nuestro matrimonio, y nos preguntamos que pasó. Lo que pasó es que continuamos viviendo la vida sobre el transitado bulevar y pasamos de largo, sin darnos cuenta de lo que tendría que habernos importado más.

Cada vez que hablo en público sobre poner nuestras prioridades en orden durante alguno de mis mensajes en la iglesia, la gente corre hacia mí y me lo agradece. Me dicen lo inspirador que es que un pastor hable de eliminar actividades para poder pasar más tiempo con su esposa e hijos. Y después hablan de sus intenciones para cambiar. Muchas de esas personas, sin embargo, vuelven a meterse en el transitado bulevar luego de algunas semanas. Hablar es bueno, pero debemos poner nuestras intenciones en acción si realmente queremos cambiar. Tenemos que luchar. Debemos ser tenaces sobre nuestro tiempo. Si queremos una gran comunicación, debemos determinarnos diariamente a observar nuestros límites de velocidad.

Busca el compañerismo recreativo

La comunicación matrimonial tiene la oportunidad de florecer y alcanzar su plenitud cuando, como compañeros y amigos, descubrimos y participamos en una actividad que disfrutamos mutuamente. No estoy hablando de sexo aquí. Perdón por decepcionarlos, muchachos, ¡pero por lo menos me prestaron atención! La diversión es otro ingrediente vital para un matrimonio dinámico. Debemos encontrar una actividad deseable para ambas partes, donde el esposo y la esposa puedan simplemente jugar juntos.

Algunos de ustedes deben estar diciendo: "Bueno, ya no tenemos nada más en común. Nunca hablamos". ¿Te has tomado el tiempo y el esfuerzo de encontrar algo para hacer juntos regularmente donde puedan divertirse los dos? ¿Has tratado de hacer ejercicios juntos o tomar una clase de arte, juntos? Puede ser esquiar. Puede ser *kickboxing*. Puede ser una caminata o salir a correr.

Lisa y yo hacemos ejercicios juntos. Puedo correr mucho más rápido que Lisa, y la puedo pasar con una gran ventaja en una carrera, pero no lo hago. ¿Sabes por qué? Porque he descubierto que cuando corremos uno al lado del otro, podemos comunicarnos y disfrutar de la compañía. ¡Es muy difícil hacer esto cuando estás a un cuarto de milla más allá del camino! Prefiero correr más despacio y comunicarme más, que correr más rápido y comunicarme menos.

La conversación prospera durante estos momentos casuales y de diversión juntos. De hecho, muchas veces hablamos con más libertad y comodidad mientras corremos, que cuando intencionalmente nos sentamos y tratamos de forzar el mismo tipo de conversación profunda.

Déjame también agregar que mirar la televisión o ver juntos una película no es el tipo de actividad recreativa a la que me estoy refiriendo en esta sección. La televisión tiende a reprimir la conversación profunda en vez de fomentarla. Te animo a que encuentres una actividad que obligue a los dos a salir del sofá, y fomente la comunicación profunda. No me malinterpretes. Yo disfruto ver la televisión e ir al cine de vez en cuando. Lisa y yo vamos al cine para escaparnos rápidamente de la realidad, pero sabemos que esto no es un sustituto de la comunicación matrimonial. Luego de ir al cine, usualmente terminamos en un café donde hablamos de la película y de los eventos que rodean nuestra vida. Hemos encontrado que la combinación de una película y la conversación con una taza de café es una manera maravillosa para terminar una semana ocupada, y fortalecer al mismo tiempo nuestro matrimonio.

Recientemente, hicimos kayak en un lago cercano. No te puedes imaginar qué cantidad de buenas conversaciones salieron de esa actividad tan simple. Pasar este tiempo de diversión juntos provee una salida sin amenazas para ponerse al día con la vida de cada uno, pensar en cosas más importantes, y para escucharse mutuamente.

Esposa, tal vez no vas a creer esto. ¿Sabes cuál es una de las necesidades más grandes de tu esposo? La respuesta es la compañía recreativa. Ahora, no estoy diciendo que tienes que pasarte tres días cazando ciervos, o mudarte a una casa flotante en el lago. Pero te animo a encontrar algo que disfruten juntos.

Haz las matemáticas

Podemos edificar y beneficiar a nuestro cónyuge de otra manera. Pero te anuncio algo: Esto realmente va a impactar dentro de tu casa. Recuerden, esposos y esposas, el "Principio 216".

Lisa y yo tenemos cuatro hijos, y los amamos mucho. Daríamos la vida por nuestros hijos; ellos son regalos de Dios. Recientemente, estuve haciendo un poco de matemáticas, y descubrí que solamente vamos a tener a nuestros hijos cerca de 216 meses desde que nacen hasta los 18 años. Después de esto, se van a la universidad y siguen solos.

Bien; 216 meses no son nada en comparación con toda una vida. No estoy casado con mis hijos. Estoy casado con Lisa. Y mi matrimonio con ella es más importante que mi relación con mis hijos. Muchos de nosotros tenemos esto mezclado, y fuera de enfoque.

Los hijos dejan saber sus necesidades rápidamente: "Ay, me lastimé la rodilla". "Me sacaron del equipo de baloncesto". Estas son situaciones 911. Tenemos que ayudarlos, amarlos, darles una palmada en la espalda, y aconsejarlos. Pero los padres se meten en problemas cuando comienzan a girar todo en la casa alrededor de sus hijos (ver el Capítulo 6 sobre la casa centrada en tu cónyuge).

Las parejas que hacen esto descuidan su matrimonio, su comunicación, su intimidad y su romance. Y un día, se despiertan luego de 216 meses y le dicen a su cónyuge: "¿Quién eres tú?". Por eso es que creo que es tan importante para Lisa y para mí hacer el tiempo, aunque sea dos veces al mes, para salir solos nosotros dos.

"Bueno, Ed, tú no entiendes mis horarios. Mis hijos tienen todos estos eventos atléticos y actividades escolares…" Ojo: si esa es tu vida, probablemente es muy ocupada. Sal del bulevar transitado. Deja la mentalidad de autopista. Yo estoy de acuerdo con las actividades extracurriculares pero, padres, no hagan una sobredosis de ellas. Tienes que mantener tu matrimonio como la principal prioridad. Si no lo haces, un día vas a mirar por el espejo retrovisor, y vas a preguntarte qué salió mal.

Le he hablado a parejas que tienen niños pequeños y en edad preescolar. Dicen que les encantaría salir, pero sus hijos lloran cuando se van, y no les gustan las niñeras. Yo los entiendo.

Recuerdo lo difícil que era dejar a nuestros bebés y niños peque-ños en las manos de una niñera. Aún en estos días que nuestros hijos ya son mucho más grandes, nos da a Lisa y a mí un gran trabajo cuando los dejamos para nuestra cita.

Pero déjame decirte lo que les enseña a ellos, padres, cuando salimos y nos vamos a algún lugar. Les enseña que la relación esposo-esposa es la prioridad más grande en la familia. Les en-seña que a Mami y a Papi les encanta pasar tiempo juntos. Les enseña que aunque Mami y Papi se van, van a volver más felices y fuertes.

Es mucho mejor dejar que tu bebé o tu niño pequeño llore un poquito, que pasar una vida de remordimientos porque dejaste de lado la relación con tu cónyuge. Así que pon en práctica el Principio 216.

Después que nuestras mellizas tuvieron un mes, nuestro pedia-tra nos preguntó si habíamos salido en una cita. Nos preguntó si habíamos pasado tiempo juntos, solo nosotros dos. Este fue un gran consejo, y continuamos siguiéndolo hasta el día de hoy.

Muy a menudo las personas nos preguntan a Lisa o a mí cual es el secreto de nuestro gran matrimonio. Por sentado, tenemos como fundamento nuestra relación mutua con Cristo. Pero des-pués de esto, creo, como ya lo he dicho antes, que uno de los ingredientes principales es que pasamos tiempo juntos, específicamente en nuestra noche de cita. Tenemos que pelear por esto, pero vale la pena. Si hemos invertido sabiamente en la comunicación y la recreación con nuestro cónyuge, estaremos felices y listos para el nido vacío al final de esos 216 meses.

Los dulces dieciséis

Otra manera de beneficiar nuestros matrimonios y tener una gran comunicación es teniendo un RC. Y no estoy hablando de RC Cola. Yo solía trabajar con un hombre hace una década, cuyo nombre era RC Smith. RC era un gran hombre, una persona muy alentadora.

Él venía a mi oficina con frecuencia y cada vez que hablaba, sonreía. Me preguntaba cómo estaba, y después me decía lo mucho que me apreciaba. Me agradecía por todo el trabajo que hacía, y por la oportunidad de trabajar juntos. Y yo respondía que el sentimiento era mutuo. Lo hacía casi todos los días.

Una tarde cuando estábamos hablando, le pregunté cómo podía explicar su gran matrimonio. Le pregunté cuáles eran algunas de las razones. De hecho, es muy útil para las parejas jóvenes tener parejas mayores cuyos matrimonios están basados en Cristo, para poder confiar y aprender de ellos. Me dijo que él y su esposa, Charlotte, practicaban los "Dulce Dieciséis" cada día cuando él llegaba a la casa. Cuando le pregunté por más detalles, me dijo que ellos se miraban el uno al otro por dieciséis minutos, y tomaban turnos para hablar y escuchar.

Este es un consejo bastante fuerte. Pero para hacer estos "Dulce Dieciséis" como RC y su esposa, tienes que hacer lo que ya hemos mencionado: escaparte de la tecnología y priorizar tu relación matrimonial por sobre la de tus hijos. Tomar este tipo de tiempo juntos justo después del trabajo puede no ser el tiempo más indicado para ti. Está bien. Hazlo en la mañana o antes de irte a la cama, el que te funcione mejor a ti. Puede ser cualquier momento del día, pero recuerda ser sensible al horario.

Mantén bajo vigilancia el territorio relacional en tu hogar como esposo y esposa, y haz un compromiso diario de hacer una pausa y comunicarte; compartir y escuchar.

Probablemente, si tú eres la esposa, estás diciendo: "Si, esto me gusta". Por el otro lado, como esposo, tal vez no puedes concebir todo este concepto de los "Dulces Dieciséis".

Muchachos, déjenme ponerlo en nuestras palabras. Muchos de nosotros miramos entrevistas deportivas. ¿Verdad? Vemos o escuchamos a la personalidad de la televisión empujar el micrófono en la cara del atleta, y hacerle una pregunta. Después le hacen varias preguntas seguidas. En otras palabras, le hacen una entrevista.

Esposos, hagan lo mismo con su esposa. No piensen en los "Dulces Dieciséis". En cambio, entrevisten a su esposa. Lleguen a casa, y pregúntenle cómo fue su día. Después háganle varias preguntas seguidas. No te pongas a actuar que estás escuchando. Métete en su mundo. Ponte en sus zapatos.

Muchachos, como las mujeres se comunican diferentes que los hombres, hablando primero de sus sentimientos y luego de los hechos, ustedes tienen que hacer el suficiente número de preguntas para pasar la etapa de los sentimientos, y poder conectarse.

Identifícate con lo que ella está diciendo. Haz contacto visual. La Biblia dice que los ojos son las ventanas de nuestra alma. También, presta atención a cómo te comunicas con el lenguaje corporal, porque tu cuerpo comunica tus intereses más que tus palabras. Y después haz un resumen mental de lo que se está diciendo, y devuélvelo. Así puedes saber que te has conectado. Todas estas cosas son muy importantes en la comunicación.

Ahora, esposas, ustedes saben que los hombres se comunican primero con los hechos. Después de que te metes en todos los hechos, recién ahí puedes llegar a los sentimientos. Así es como son las cosas. Así que, esposas, hagan los "Dulces Dieciséis" y, esposos, la entrevista.

Santiago 1:19 dice: *"Todos deben estar listos para escuchar, y ser lentos para hablar y para enojarse"*. Los estudios indican que el siete por ciento de la comunicación es con palabras, treinta y ocho por ciento con el tono, y cincuenta y cinco por ciento con las expresiones faciales. Si estas estadísticas son exactamente ciertas o no, el principio global es evidente. Puedes darle a tu cónyuge las poses consentidoras con tus miradas: dar vuelta los ojos, varias expresiones faciales, y por supuesto, el lenguaje corporal.

Cuando estás escuchando, tú manejas la conversación -el que escucha lo hace, no el que habla-. Pero cuando estás hablando, no te metas en lo que yo llamo "la zona de quejas". Muchas parejas simplemente lloriquean el uno con el otro. Luego de una dieta constante, puedes oler el pescado podrido. Debemos compartir las cosas difíciles, pero no nos olvidemos de las cosas buenas, también. Edifiquemos y beneficiémonos el uno al otro.

Solo porque sí

Finalmente, para edificar y beneficiar a tu cónyuge, dale un regalo sin razón alguna vez cada cierto tiempo. O también puedes escribir una nota sin ninguna razón, solo porque sí. No te puedes imaginar lo que esto hará.

Una semana, mi esposa, Lisa, durante sus horarios complicados, entró a la librería de la iglesia y compró una guía devocional para mí. Era un libro escrito por un pescador profesional, Jimmy Houston, titulado *Hooked for Life* (Enganchado de por vida). Lo hizo sin ninguna razón, simplemente porque me amaba. La razón por la cual me gustó tanto fue que yo podía aprender sobre la pesca y la Biblia todo al mismo tiempo. Este pequeño regalo fue perfecto para mí, y significó mucho.

Unos buenos amigos míos me contaron sobre un esposo que le compró a su esposa un regalo sin razón, una taza para café que tenía escrito "Te amo". Pero el regalo sigue. Este hombre es un fanático de la prolijidad. Se levanta a las 5:30, se viste, y, antes que todos se levanten, limpia los dos autos todas las mañanas. Por lo general hace el café, y entonces pone esta taza especial en la mesa para que la esposa lo tome tan pronto se levante.

Para ustedes los que son tradicionales, ¿qué de esas buenas tradiciones, las que nunca fallan, regalos sin razón: flores y chocolates? Cosas simples que pueden tener un gran impacto.

No te olvides de las notas. Con el acceso rápido a los celulares, bipers y correo electrónico, muchas veces dejamos de lado el encanto de una tradicional nota escrita a mano. Una simple nota sin razón puede comunicar volúmenes.

Todos los años, nuestro equipo pastoral tiene un retiro. Pasamos mucho tiempo orando y proyectando la visión. En uno de nuestros retiros en *Fellowship*, el Pastor Owen Goff, quien ha estado casado por muchos años, abrió su maleta y de esta cayeron ocho notas de amor de su esposa, Beverly. Le hicimos bastantes bromas a Owen, porque solamente íbamos a estar lejos por cuatro días. Pero en lo profundo también sabíamos lo mucho que esas notas especiales significaban para él.

Tenemos buena inspiración para dar esos regalos sin razón, y notas de amor. Si lees detenidamente las Escrituras y ves cómo Dios ha comunicado Su amor por nosotros, vas a ver que Dios nos ha dado muchos regalos simplemente porque Él nos ama, y el más importante de todos los regalos es Su Hijo.

La Biblia, sin ninguna duda, es la nota de amor más grande que se haya escrito en la historia humana. Primera de Juan 4:19 lo deja en claro: "*Nosotros amamos a Dios porque él nos amó primero*". Deja que el ejemplo de amor de tu Creador te motive a demostrar este mismo tipo de amor a tu cónyuge.

Tal vez estés pensando que estos consejos sobre la comunicación creativa son todos buenos, ¿pero qué pasa cuando los sentimientos empiezan a enfriarse? ¿Qué pasa cuando los ánimos se enardecen? ¿Qué pasa cuando tienes que lidiar constantemente con las discusiones?

Bien, ese tema es tan importante que he dedicado todo el próximo capítulo a mostrar cómo el conflicto, si es manejado correctamente y con madurez, puede en realidad ayudarnos a estar más cerca de nuestros cónyuges.

PRINCIPIOS DE LA COMUNICACIÓN CREATIVA

+ La comunicación es un elemento crucial que influye en cada aspecto de nuestro matrimonio, y requiere nuestras mejores energías creativas.

+ Tómate recesos tecnológicos diarios para mejorar tu tiempo juntos, apaga el teléfono de tu casa y el celular, apaga el televisor, deja de navegar en la Internet, y pasa tiempo conectándote con tu cónyuge.

+ Reduce tu agenda, diciendo sí a lo más importante y no al resto. Así puedes disfrutar un tiempo enfocado en tu cónyuge.

+ Practica los "Dulces Dieciséis" con tu cónyuge (16 minutos de comunicación diaria sin interrupciones).

+ Escribe una nota "porque sí" o regala algo "porque sí" periódicamente para demostrar tu amor hacia tu cónyuge de una manera tangible.

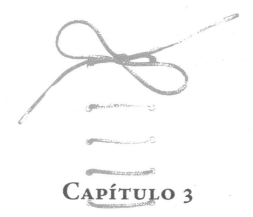

CAPÍTULO 3

CONFLICTO CREATIVO

Cómo profundizar la relación matrimonial al resolver los conflictos

Hace varios años atrás viajé a Las Vegas, Nevada, para ver una pelea de boxeo del campeonato mundial de peso pesado. Llegué al estadio como tres horas antes de que comenzara la gran pelea para poder ver un poco de toda la acción preliminar.

Estaba fascinado mientras veía a todas las celebridades llegar a este hermoso complejo.

De casualidad me di cuenta que justo detrás de mí estaba un hombre al que reconocí, el famoso árbitro de boxeo, Mills Lane. Mills es un personaje fascinante. Tiene la cabeza pelada, una nariz torcida y una voz única. Él es un juez/árbitro de apelaciones que también tuvo su propio programa de televisión en un momento. Siendo el hombre tímido e introvertido que soy (estoy siendo sarcástico), caminé hacia él, me senté, y comencé a hablar con él sobre este deporte salvaje.

Mills estaba usando su atuendo de árbitro de boxeo, y se estaba preparando para sancionar la gran pelea. Encontré sumamente interesante verlo trabajar. Trajo a los dos boxeadores entrenados y tonificados al centro del cuadrilátero. Después repasó las reglas.

Dijo: "Bien, quiero una pelea limpia. No golpes bajos, cabezazos, ni abrazarse excesivamente". Luego hizo una pausa y los miró. "¡Comencemos!". La multitud estalló, los boxeadores fueron a sus esquinas neutrales, esperaron la campana, y salieron mano a mano mientras batallaban por el premio.

El conflicto matrimonial es bastante parecido al boxeo. Esposos y esposas entran al cuadrilátero, y se enfrentan mano a mano. Tiran esos golpes verbales, exponen elaborados juegos de pies para eludir los problemas, y demuestran habilidades increíbles de negociación. En resumidas cuentas las peleas, argumentos, discusiones y alborotos son inevitables en el mundo del matrimonio.

Van a haber esos momentos cuando se dibujan líneas en la arena y se toman posiciones. Con ojos llenos de lágrimas de enojo y dolor, conflictos sin resolverse llevan a la separación. Encontrarás que ustedes dos estarán abrazando su respectiva esquina de una cama matrimonial extra grande, que de repente parece demasiado pequeña.

Emociones altas pueden tentarte a ponerte tus guantes, e ir a unos pocos asaltos con él o con ella, en una pelea por cualquier cosa. Cabezazos, golpes bajos, abrazarse excesivamente será lo normal. Durante momentos como estos, todo lo que te importa es ganar lastimando a tu cónyuge.

Mientras conducía en una zona de compras suburbana de Dallas saturada de tiendas, cafés y restaurantes, noté una gran cantidad de parejas casadas en el complejo. Vi a algunas parejas caminando tomadas de la mano mirando vidrieras. Otras tomaban café. Y vi a otras sentadas en un banco del parque mirando el hermoso atardecer de Texas con gotas de transpiración cayendo de sus narices.

Me dije a mí mismo: "¡Qué hermosa vista!". Esposos y esposas en diferentes etapas de su desarrollo matrimonial estaban disfrutando el uno del otro. Pero tampoco fui ingenuo. Intuitivamente sabía que aunque parecían tan amables y dulces a primera vista, detrás de sus camisas y blusas, detrás de los vestidos y sandalias, detrás de cada ropa de diseñador, estas parejas estaban vistiendo algunos serios atuendos de boxeador.

Sabía que regularmente entraban al cuadrilátero del conflicto matrimonial, y sabía que regularmente peleaban sobre los cuatro grandes que causan esas peleas espectaculares: sexo, finanzas, hijos y trabajo.

Te pregunto a ti: ¿Crees que a un boxeador profesional se le cruzaría por la cabeza la idea de pisar un cuadrilátero con millones en juego y un título en línea, sin haber estado entrenado y tonificado? ¿Crees que entrarían al cuadrilátero sin tener un conocimiento general de las reglas que gobiernan el boxeo? No.

Así y todo, innumerables esposos y esposas se casan, y tienen que lidiar con conflictos sin tener entrenamiento ni conocimiento de las reglas generales que deben regir sobre la resolución de un conflicto.

Como es lógico, quiero ayudarte a cambiar esto. Quiero compartirte algunos principios y pautas para la resolución creativa del conflicto. Estos principios son verdaderos en cualquier relación, pero quiero enfocarme específicamente en el lazo entre el esposo y la esposa. Como noventa y cuatro por ciento de nosotros nos casaremos por lo menos una vez en nuestra vida, tienes que prestarle atención a estas reglas, aún si estás soltero y contemplando el matrimonio.

Ahora, cuando presento estas reglas y principios para la resolución creativa del conflicto, no quiero que pienses por un segundo que yo soy un experto en esta materia. Yo lucho tanto como tú. Todavía tengo un largo camino que recorrer entendiendo la resolución del conflicto, pero Lisa y yo hemos aplicado estos principios por años, y funcionan.

Antes de abocarme de lleno en estos siete principios y pautas, quiero que pienses en algo. Piensa en tu última pelea. Puede que no hayas tenido una pelea hace mucho tiempo, o tal vez una pelea muy reciente te llevó a comprar y leer este libro buscando ayuda.

¿Qué tácticas usaste? ¿Qué tan alto hablaste? ¿Qué señales no verbales estabas dando? ¿Qué temas van y vienen? ¿Hubo algún golpe bajo, cabezazo o apoyo excesivo involucrado? Mientras piensas sobre cómo has reaccionado, quiero que consideres cómo hubieras reaccionado luego de haber visto los siguientes principios.

Principio #1
Evalúa el daño antes del lanzamiento.

Es tan tentador lanzar misiles verbales. Nos encantan esos ganchos verbales rápidos, ¿verdad? El matrimonio es un proceso de recolección de información íntima. Nuestros cónyuges comparten con nosotros sentimientos, pensamientos, luchas, y nosotros los transferimos a nuestro espíritu.

Y esto es lo que sucede. En un argumento, o en un conflicto, cuando los temperamentos están encendidos y creemos que estamos perdiendo, tiramos esos misiles verbales, expresados con frecuencia a través de los insultos.

Comparamos a nuestro cónyuge con el perro, con el gato o con alguna otra persona. Simplemente etiquetamos a nuestro cónyuge. Comparamos. ¿Puedes creerlo? Tomamos esa información sensible que hemos recibido de ellos durante esos momentos íntimos de compartir, y los usamos en contra de ellos.

Un misil verbal bien apuntado puede detener el crecimiento futuro, y destruir mucho de lo previamente ganado en un matrimonio. Aunque se sientan con una satisfacción en ese momento, la cruda realidad es que los misiles verbales nunca cumplen un buen propósito. Cuando los ataques verbales son usados contra tu cónyuge, estos harán que él o a ella se vuelvan renuentes a compartir los pensamientos íntimos que hacen que un matrimonio funcione y crezca. Puedes ganar la batalla, pero perderás el matrimonio con esta estrategia.

He tenido la oportunidad de hablarle a miles de parejas casadas y no he tenido ninguna que me diga: "Ed, el misil verbal lo hizo. Esa línea en particular finalmente la cambió. Cuando la llamé con ese nombre… Cuando le dije a él…" No, no funciona ni funcionará. Evalúa el daño antes de lanzar el misil verbal.

Un estudio reciente sobre el conflicto matrimonial dice que un misil verbal puede destrozar y anular veinte actos de amabilidad. Es una proporción de uno en veinte. Es algo que te hace pensar.

Soy un fanático de las cosas saludables, pero mi golosina favorita es la barra de *Kit Kat*®. Durante uno de mis mensajes de los domingos, comí una barra de *Kit Kat*, y le pedí a alguien que tomara el tiempo con un cronómetro de cuánto me tomaría comerlo. Tengo una boca gigante, mi dentista compara mi boca con una casa, así que tengo bastante espacio para trabajar. Me tomó veintitrés segundos comerme una barra de *Kit Kat*, llena de grasa, azúcar y calorías. Pero me tomó veinte minutos de intensa actividad aeróbica para quemar esa pequeña barra de chocolate.

Esto se parece a un misil verbal. Podemos tirar un misil verbal en cuestión de segundos, pero puede tomar años poder quemarlo. Y tristemente, muchas veces el daño, aunque podemos repararlo, deja cicatrices permanentes. Así que considera tus palabras con cuidado, dándote cuenta del poder que ejercen en la vida de tu cónyuge.

Principio #2
Agita el banderín de los buenos modales.

¿Has notado alguna vez que los misiles verbales son usualmente bastante fuertes e impertinentes? Las reacciones explosivas más profundas que comúnmente acompañan una pelea verbal sirven no para desarmar un argumento, sino para empeorarlo.

Dios nos dice en Proverbios 15:1: *"La respuesta amable calma el enojo, pero la agresiva echa leña al fuego"*. Mientras viven su vida juntos íntimamente, mientras compartes su corazón (aún en el conflicto), agita el banderín de los buenos modales. ¿Por qué es que a menudo somos más considerados y amables con nuestros amigos y conocidos que con nuestro cónyuge?

Varios meses atrás, Lisa y yo tuvimos una discusión. Tuve la amabilidad de levantar mi voz un poquito, cuando de repente el teléfono sonó. Inmediatamente me transformé de una persona enojada en un pastor bondadoso y compasivo. "Hola. Sí, todo está bien acá. ¿Cómo estás tú? Muchas gracias por llamar. ¿En serio? ¡Eso es maravilloso! Felicitaciones. ¿Cuándo nace? Estaremos orando por ti. Muchísimas gracias. Adiós."

Y luego retomé inmediatamente la discusión. No tuve ningún problema en extender un discurso cortés y con modales a mi conocido en el teléfono. Debería haber hecho un mayor esfuerzo para ser más cordial con mi esposa, pero no lo hice. Fallé.

Digamos que invitas a un amigo a tomar un café en tu casa. Y digamos que acabas de instalar pisos de madera nuevos en tu casa. Tu amigo derrama el café, y la taza se rompe. ¿Qué harías? Dirías: "¡Eh, idiota! ¡Tonto sin coordinación! ¿Por qué hiciste esto? ¿Sabes cuánto pagamos por este piso nuevo? Nunca más vendrás aquí."

Tú no dirías eso, ¿verdad? Serías gentil y dirías algo como: "Bueno, no importa. Está todo bien. Esto va a salir. No te preocupes por la taza. Ven, que te sirvo otro café".

Muchas personas creen que para cambiar su matrimonio necesitan que ocurran grandes eventos tipo milagrosos. Entonces creen que así se logrará el matrimonio ideal. Ese no es el caso. Creo que para que la mayoría de los matrimonios se conviertan en grandes matrimonios se necesitan pequeños tirones para llevar la relación a puntos más altos.

No esperes a que las tensiones se formen y los conflictos ocurran para decidir que necesitas atenuar tu discusión acalorada. Mi esposa y yo hemos descubierto que la clave para la resolución de un conflicto está en lo que pasa antes de que nos pongamos los guantes de boxeo, cuando las cosas están yendo sin problemas.

Necesitamos hacer un esfuerzo diario constante y consciente para tratar a nuestro cónyuge con respeto y cortesía.

Comienza diciendo: "Gracias" o "Aprecio lo que haces por mí". Prepárate para decir un simple "Perdón", cuando sepas que lo echaste a perder. Pequeños actos de servicio, como abrir la puerta o servir una taza de café, pueden ir muy lejos en construir una expectativa en la relación, que disminuirá y hasta desaparecerá el conflicto.

La Biblia es clara en Génesis 2:24 en que cuando un hombre y una mujer se unen el uno al otro en matrimonio, se convierten en una sola carne. Y en 1 Pedro 3:8 (RVR1960) encontramos que estas palabras fueron dadas a los cristianos del Nuevo

Testamento: "...*sed todos de un mismo sentir*". Como seguidores de Cristo, el esposo y la esposa no son solamente una sola carne a través del matrimonio, sino también uno en Cristo.

Dios nos dice muy claramente que una unidad muy seria debe ocurrir en un matrimonio cristiano. No puedes decir: "Bueno, es un problema de él", o, "Es un problema de ella". No. Es nuestro problema.

Primera de Pedro 3:8 continúa: "*...compasivos, amándoos frater-nalmente, misericordiosos, amigables.*" La palabra cortés tiene la palabra cortejar en ella. Cuando eres cortés con tu cónyuge, con modales hacia tu cónyuge, estás cortejándolo. ¿Qué haces cuando, por ejemplo, tú cónyuge hace un quehacer en la casa? Espero que tu primera reacción no sea "Te quedó una mancha". Deben ser palabras de agradecimiento.

¿Estás agitando el banderín de los buenos modales? ¿Estás siendo amable? Tú cónyuge le importa a Dios, y cuando lo tratas con amabilidad y respeto, estás mostrando que a ti también te importa.

PRINCIPIO #3
Ve al punto y quédate en el presente.

Es muy fácil en una conversación, especialmente en una discusión, saltar de un tema a otro, y perder el punto completamente. Y si no tenemos cuidado, puede escalar y caer en picada.

El esposo entra en la cocina. La esposa se da vuelta y pide ayuda, ya que los niños la están volviendo loca. Él responde emocionalmente: "Tú siempre me estás pidiendo ayuda. Estoy cansado y estresado. ¿Te das cuenta del tipo de presión que tengo en el trabajo? Tú siempre me estás fastidiando, igual que tu madre".

El argumento se intensifica a medida que sus emociones se calientan. "¡No metas a mi madre en esto! ¿Y tú qué? Eres un vago. Te sientas en ese sillón y te la pasas cambiando los canales de la televisión."

El colapso se intensifica. "¿Cambiando canales todo el tiempo? Tú me ignoras. ¡No hemos hecho el amor en seis semanas!".

"¿Hacer el amor? ¿Quién querrá hacer eso contigo? Tú usas los mismos pantalones cortos de gimnasia apestosos de la universidad todos los días. No te peinas y tienes aliento a café."

Prepárate para el aterrizaje de emergencia, estamos cayendo: "¡Ah, sí! Pues muchas mujeres darían su brazo derecho por estar casadas conmigo. No tengo por qué aguantar más esto. ¡Me voy de aquí!". La puerta se cierra con un portazo, y el matrimonio se desintegra.

¿Cómo sucedió esto? Todo comenzó con una simple tarea del hogar. La esposa le pidió ayuda al esposo, y desde ahí, se intensificó hasta convertirse en un colapso de problemas de comunicación. Los familiares fueron arrastrados, amenazas fueron hechas, frustración sexual y divorcio fueron mencionados.

Este tipo de intensificación no debería ocurrir nunca. Debemos mantenernos en el punto. Si los problemas son las finanzas, tengan argumentos que solucionen los problemas financieros. Si el problema es el sexo, tengan argumentos que solucionen los problemas sexuales. No mezclen los problemas cuando están teniendo conflictos matrimoniales. Busquen soluciones, no golpes inesperados.

En lo más intenso del momento, ten cuidado de no traer a la luz todos los rencores, todos los problemas que tuviste con tu cónyuge. Mantén el problema a mano, y trata de resolver los otros problemas, cuando sea apropiado, preferentemente en otro momento. En este ejemplo, problemas secundarios se convirtieron rápidamente en acusaciones y ataques personales, en vez de una oportunidad de solución, restitución o reconciliación.

También, mantente en el tiempo presente. En Hebreos 8:12 Dios declara (con respecto a su nuevo pacto con Israel): *"...nunca más me acordaré de sus pecados".* Cuando sacamos a relucir el pasado, estamos haciendo algo que Dios no hace. El enemigo es el experto en sacar a relucir el pasado, pero el perdón de Dios nos libera para enfocarnos en el futuro.

Pablo, que en un momento se llamó a sí mismo "el jefe de los pecadores", nos dice en Filipenses 3:13: *"una cosa hago: olvidando lo que queda atrás y esforzándome por alcanzar lo que está delante".* Dios no quiere que te enfoques en tus fracasos del pasado o en los de otras personas, especialmente los de tu cónyuge. El amor y el perdón proporcionan esperanza para el futuro, no temor y condenación por el pasado.

Satanás puede que te esté susurrando: "No dejes que él se olvide de ese error". "Asegúrate de sacar a relucir el momento cuando ella tuvo aquel problema". Haz lo que Pablo nos pidió que hiciéramos: perdona lo que quedó atrás, y esfuérzate por lo que está delante.

Una vez Lisa y yo tuvimos un conflicto, y tengo vergüenza de decir que mi egoísmo sacó lo mejor de mí. Estaba tan desesperado por ganar el argumento que saqué a relucir algunos problemas de cuando estábamos saliendo en la secundaria. Ya lo sé, eso fue un golpe bajo. No dejes que ese seas tú. El amor y el perdón maduro cristiano deben forzarnos a mantenernos en el presente y a tratar con cuidado los problemas del momento.

Principio #4
Evita el nivel subterráneo.

Muchos de nosotros somos boxeadores subterráneos. Problemas de todos los tamaños y niveles de importancia surgen de un momento a otro, pero muchos de nosotros simplemente los enterramos. En vez de lidiar con ellos cuando salen a la superficie, los llevamos a lo subterráneo. Este es otro gran problema que los matrimonios enfrentan en el conflicto matrimonial.

Tal vez es el tipo de conflicto que vimos modelado en nuestra familia de origen. "No, todo está bien. No hay problema. Todo está tranquilo. Todo está en calma." Pero muy adentro, todos estos problemas sin resolver nos están carcomiendo. Y mientras continuamos lidiando con los problemas subterráneamente, toda esa basura tóxica comienza a filtrarse por las grietas de nuestras vidas.

Tienes que lidiar con los problemas rápidamente y tienes que lidiar con ellos cuando los dos están descansados, y pueden hablar precisamente de eso. Y por nada del mundo, debes evadir tratarlos. La Biblia dice, antes de que se ponga el sol. Efesios 4:26 nos advierte: *"No se ponga el sol sobre vuestro enojo"* (LBLA). Veinticuatro años atrás Lisa y yo nos comprometimos a cumplir con ese versículo. Nosotros resolvemos cada pelea antes de decir buenas noches. Sé que es difícil de creer, pero realmente lo hacemos.

Por eso es que yo animo a las parejas a que oren juntos antes de irse a dormir. Encontrarás que es difícil orar juntos si tienen un argumento o un conflicto. Muchas veces Lisa y yo hemos tenido que estar despiertos casi toda la noche resolviendo problemas, porque no decimos buenas noches hasta que hayamos terminado la pelea. Esta es una gran, gran táctica, esposos y esposas, porque trata con toda esa basura tóxica que está echando a perder a muchos de nosotros.

Principio #5
Absolutamente no psicología.

Hemos leído unos cuantos libros, tomado algunos cursos, o tal vez hemos escuchado a los consejeros de la televisión, así que, naturalmente, creemos que podemos psicoanalizar a nuestro cónyuge. "Ah, tú estás siendo tan obsesivo compulsivo. Qué gran activador eres. Eso es típico de un libro de texto." Ni siquiera lo menciones.

Mateo 7:3 es un versículo que raramente aplicamos al matrimonio porque es muy condenatorio: *"¿Y por qué miras la mota que está en el ojo de tu hermano, y no te das cuenta de la viga que está en tu propio ojo?"*(LBLA). Jesús estaba usando una hipérbole aquí, un poco de humor hebreo. Solamente imagínatelo. Aquí está un esposo con un árbol gigante en su ojo diciendo que su esposa tiene una pizca de polvo en sus lentes de contacto.

Cuando yo soy crítico con Lisa o ella es crítica conmigo, estamos, en realidad, criticándonos a nosotros mismos, porque ahora somos uno.

El matrimonio no es una relación desafinada, sino de armonía.

En nuestro mundo egoísta y centrado en nosotros mismos, tenemos dificultad con el concepto de armonía y unidad. La competitividad de que el hombre es mejor es muy perversa, y no debe presentarse en el esquema matrimonial.

Nuestros prejuicios nunca sirven para edificar a la otra persona.

En cambio, los usamos como munición para hacernos sentir mejor al degradar a la otra persona. Una vez más, recuerda Efesios 4:29. Pablo dice que nuestras palabras *"contribuyan a la necesaria edificación y sean de bendición para quienes escuchan"*.

¿Estás midiendo si las palabras que le diriges a tu cónyuge están de acuerdo con sus necesidades? ¿O estás arrojando argumentos psicológicos solo para suplir tus propias necesidades para sentirte mejor, y hacer sentir peor a los demás?

Evita la psicología, y concéntrate en esas palabras, frases y conversaciones cruciales que edifican a los dos como una sola carne.

Principio #6
Escucha sin interrumpir.

Muchos de nosotros nos preparamos para saltar, en vez de escuchar lo que nuestro cónyuge está diciendo. Hacemos una jugada de las grandes ligas, y no vemos la hora de lanzarle una pelota rápida a la cabeza, por lo general mientras sigue hablando. Cuando estamos listos para saltar, para interrumpirle, es una señal de que realmente no estamos escuchando.

Cuando oímos, debemos hacer una lista en nuestra mente para asegurarnos de que en verdad estamos oyendo lo que nuestro cónyuge nos dice. Una vez que tenemos esa lista mental, debemos compartírsela a la otra persona para aclarar los temas. Ahora nuestro cónyuge puede indicarnos: Sí, entendiste lo que dije; o No, me malinterpretaste.

Proverbios 18:13 va al grano en cuanto a la importancia de oír: *"Es necio y vergonzoso responder antes de escuchar"*. Si haces esto, nunca te comunicarás. La conversación, incluyendo la conversación candente, tiene dos interlocutores. Puede que creas estar teniendo una conversación productiva con tu cónyuge, simplemente porque le estás presentando tus preocupaciones. Pero si no puedes oír sus preocupaciones, en verdad no estás conversando con ella. Todo lo que haces es darle una cátedra.

Principio #7
Da una vuelta en U.

Los giros en U son difíciles de realizar, especialmente si manejas una camioneta como lo hago yo. Un viernes en la noche iba con mi familia en la camioneta, y estábamos conduciendo mirando barrios y casas. Me perdí, algo que me pasa con mucha frecuencia, y tuve que hacer un giro en U usando la entrada de vehículos de las casas de otras personas. Fue una vergüenza.

En el matrimonio, tenemos que hacer otro tipo de giro en U: un giro tú. Esto se debe a que usamos demasiado la palabra "tú". Tú. Tú. Tú. "Tú siempre tiras el dinero." "Tú nunca me hablas." En cambio, debemos usar afirmaciones "Yo siento". "Yo siento que debemos ahorrar más dinero." "Yo siento que realmente no nos estamos comunicando." Esto cambia toda la dinámica, porque el revelar tus sentimientos es el principio de la verdadera sanidad en una relación.

Pablo nos ordena en Gálatas 6:2: *"Sobrellevad los unos las cargas de los otros, y cumplid así la ley de Cristo"* (RVR1995). Esto no es algo opcional. Cuando te entrenas con pesas, siempre te aconsejan que lo hagas con otra persona para que te puedan guiar. Ellos se aseguran de que todo está bien, te ayudan con los pesos, y en especial con las dos últimas dos repeticiones. Tener guía es la mejor decisión, porque esa persona literalmente te ayuda a llevar la carga.

De manera similar, tenemos que convertirnos en guías relacionales para nuestros cónyuges. "Bien, ¿tuviste un día difícil en el trabajo? Quiero llevar tu carga." "¿Te sientes mal por algo que tu padre te dijo? Quiero llevar tu carga." La idea es compartir y llevar las cargas de los otros. Quita el factor "yo" y reintroduce el factor "nosotros".

Principio #8
Evita la palabra "D".

Cuando el esposo o la esposa se sienten muy abatidos, esta palabra puede causar una gran explosión.

En vez de trabajar para tratar de resolver los conflictos, o pedir perdón, se menciona la palabra divorcio. "Estoy harto de ti. Si me hablas así otra vez más, me voy a divorciar de ti." Esta es la manera más rápida de terminar una discusión, pero la más rápida de terminar en un divorcio de verdad.

El matrimonio se trata de confianza. Es imposible desarrollar la confianza cuando uno o los dos amenazan con anular el pacto que hicieron el uno con el otro ante Dios.

Déjame animarte a nunca usar la palabra "D". Trabaja para resolver tus propios problemas, y busca soluciones creativas para tus conflictos. Recuerda, Dios es tu mayor fuente de ayuda y el mayor alentador cuando te encuentras en conflicto. Pídele fuerzas y que te ayude a resolver estos problemas de una forma en que lo honres a Él.

Pudiera seguir presentando principios para la resolución de conflicto. Tal vez tú encontraste otros. Pero lo básico es que todos estos principios se encuentran en la Biblia y tienen que ver con el compromiso, tanto de la esposa como del esposo, para tratar seria, radical y rápidamente con el conflicto, cuando sucede.

El conflicto cósmico

Hasta ahora hemos hablado del conflicto humano, pero muchas personas parecen estar en un conflicto sin solución y con todas las de perder, lo cual es la clave de la resolución de conflictos. Me refiero a un conflicto con Dios. Si esta persona eres tú, tal vez no lo quieras admitir, pero en lo profundo sabes a lo que me refiero. Sientes ese malestar, esa sensación en la boca del estómago, porque sabes que un día tendrás que enfrentar a Dios, y darle cuentas por tu comportamiento.

La Biblia dice que todos nosotros cometimos errores. Todos nosotros pecamos en nuestras relaciones, en lo moral, y espiritualmente contra Dios y contra otras personas. Violamos las normas de Dios. Dios es santo. Es perfecto. Aún así, le dimos la espalda a Él, y fuimos por nuestro propio camino.

Aún cuando este conflicto cósmico pareciera no tener solución ni salida, esto es lo que Dios hizo para traernos la reconciliación. Dios, aún siendo la parte dañada, tomó la iniciativa en este conflicto. Envió a su único hijo para que viviera la vida perfecta, para que muriera en una cruz por todas nuestras faltas y pecados, pasado, presente y futuro. Y luego resucitó.

Si llegamos a un punto en nuestras vidas donde aplicamos, y nos apropiamos de lo que Dios hizo por nosotros por medio de Cristo, nuestros pecados son perdonados, se termina el conflicto, y somos reconciliados con Dios.

Si no has dado este paso, estás en serios problemas. No me importa qué tan buena persona seas, qué tan amable seas, qué tan dulce seas, cuánto dinero das a la iglesia o a obras de caridad, vas a estar muy por debajo de los estándares de la bondad de Dios. Estarás, al final de tu vida, en conflicto con este santo y todopoderoso Dios.

La resolución del conflicto comienza con un paso de fe diciendo: "Cristo, acepto lo que hiciste por mí y lo aplico a mi vida". Tu vida nunca funcionará y tu matrimonio tampoco funcionará si no has hecho esa decisión y tomado ese paso.

No hablo de religión. No hablo de afiliarse a una denominación. Las denominaciones no se mencionan en la Biblia. La iglesia católica no es mencionada. La iglesia bautista no se menciona. La iglesia luterana no se menciona. Solo la decisión de aceptar el regalo de Cristo por gracia por medio de la fe es mencionada en la Biblia (Efesios 2:8-9). ¿Has dado ese paso? ¿Has tomado esa decisión?

Si dices estar listo para tomar a Dios seriamente, podrás ser un gran facilitador en la resolución del conflicto creativo. Puedes hacerlo, dado que dependes del espíritu de Dios. Pero es una elección que cada persona tiene que hacer. En el próximo capítulo hablaremos de la intimidad, porque estoy seguro de que la resolución de conflicto de la manera bíblica abre la puerta a mayores niveles de intimidad.

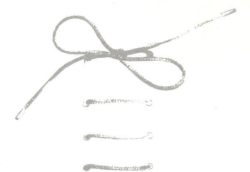

Principios del conflicto creativo

✦ Evita los misiles verbales que hieren los niveles profundos e íntimos de tu relación.

✦ En el conflicto, mantente enfocado, sé específico y quédate en el tiempo presente.

✦ No dejes que el sol se ponga sin resolver un conflicto; trata con los problemas rápidamente. Quédate despierto hasta tarde y resuelve el problema, o ponte de acuerdo para reconciliarlo en un futuro.

✦ Ponle fin al conflicto cósmico con Dios, y recibe la reconciliación que Él te dio por medio de Jesucristo.

✦ Ofrece reconciliación a tu cónyuge de la misma manera que Dios te ofreció a ti el regalo de la reconciliación.

CAPÍTULO 4

INTIMIDAD CREATIVA

Cómo quitar las barreras y construir puentes para una gran vida sexual en tu matrimonio

Cuando escuchas la palabra sexo, ¿qué viene a tu mente? Sé que con solo mencionar esta palabra viene una multitud de pensamientos y emociones. Pero seriamente, dudo que cuando oyes la palabra pienses en Dios o en las connotaciones bíblicas. De hecho, así debería ser. Dios nos diseñó de manera única como hombre y mujer, y nos prediseñó para el deseo sexual. Por lo tanto, la Palabra de Dios debería ser nuestra guía primordial para los pensamientos sobre este tema.

Una mañana, una de mis hijas me mira y dice: "Papá, cuando viste a mamá por primera vez, ¿le chiflaste?". Dios nos ha dado este estilo de aullido de lobo por el sexo opuesto. Nos dio el regalo del sexo y un ámbito poderoso, un lugar de valor, para practicar y utilizar este regalo. Contrario a lo que dicta nuestra cultura, el sexo fue creado por Dios para ser disfrutado en la relación matrimonial. A lo largo de este capítulo, veremos distintas cosas que entorpecen el sexo en nuestro matrimonio. Tal vez piensas: "¿Cosas que empeoran el sexo? Eso es un punto de vista negativo del sexo, ¿verdad, Ed?". Y sí, tienes razón. Por lo general, no me gusta presentar el lado negativo de los principios bíblicos, pero en este caso decidí contrastar varias cosas que mejoran el sexo con un igual número de impedimentos positivos.

El sexo es algo positivo, algo bueno. Es de Dios y Él quiere que experimentemos gran sexo. Él quiere construir una gran vida sexual en cada matrimonio. Sin embargo, estudios muestran que por lo menos entre un tercio y la mitad de los matrimonios están experimentando un moderado o gran nivel de frustración sexual en el matrimonio.

¿Cuáles son algunas de las cosas que sirven como obstáculos del sexo? Los obstáculos del sexo son actitudes o hábitos que impiden que usemos este regalo de Dios de la manera que Dios ordena. Detrás de cada obstáculo del sexo, del lado positivo, se encuentra un edificador del sexo. Los edificadores te ayudarán a eliminar esas cosas que evitan que, sexualmente hablando, seas la pareja que Dios quiere que seas. Si quieres hacer el amor a diario y de manera creativa, entonces tienes que tratar con este asunto ahora.

Cada vez que hablo del tema del sexo en la iglesia, me sorprende cómo la gente presta atención. Nadie se duerme. Nadie se distrae. Nadie cuenta las lamparitas en el techo. Algunas personas creen que no debemos hablar del sexo en la iglesia. Quien quiera que piense eso, no lee su Biblia.

No deberíamos avergonzarnos de hablar del sexo. Dios no tuvo vergüenza al crear el sexo y ponerlo por escrito. Los dos lugares más prominentes donde deberíamos discutir este asunto son en el hogar y en la iglesia. Históricamente, la iglesia ha hecho un trabajo patético al hablar del sexo. Por fortuna, muchas iglesias están tratando de cambiar eso sincerándose, y hablando acerca de lo que la Palabra de Dios dice del tema.

OBSTÁCULO DEL SEXO #1:
No sabes lo que Dios dice sobre el sexo.

Cuando las parejas no saben lo que Dios dice sobre el tema, o lo que la Biblia dice del tema, esto se convierte en un obstáculo del sexo. El enemigo no quiere que tú tengas el conocimiento bíblico, la información, ni los principios aplicables acerca de este tema. No quiere que tengas una gran vida sexual porque, si lo haces, tendrás una unión con tu cónyuge como si tuvieran un súper pegamento. Además, tu relación sexual y tu conexión proveerán un gran fundamento para los buenos principios en la crianza de hijos. El enemigo será derrotado.

Aún así, la mayoría de las parejas desconocen lo que las Escrituras dicen acerca de la frecuencia, lo que dicen acerca de cuando una persona tiene ganas y la otra no, lo que dice acerca del romance, y lo que dice acerca de ser innovadores en el dormitorio. "¡Espera un momento! ¿Me estás diciendo que estas cosas se encuentran en la Biblia?". Sí. Sigue leyendo para descubrir las respuestas de Dios a estos problemas comunes.

EDIFICADOR DEL SEXO #1
Ponte en sintonía con las Escrituras.

Cuando no sabes ni comprendes lo que Dios dice acerca de algo, déjame animarte a que busques la respuesta. Este edificador del sexo es el sintonizarnos con la sexualidad en las Escrituras. Hay un gran enlace entre la sexualidad y la espiritualidad. Las parejas que hacen tiempo para expresar su amor por Dios de manera auténtica, también hacen tiempo para hacer el amor juntos con frecuencia y creatividad.

Le he hablado a numerosas parejas que tienen matrimonios cristocéntricos, y tienen grandes relaciones sexuales, mutuamente gratificantes.

Estudios tras estudios muestran que las personas más satisfechas sexualmente en el matrimonio son aquellas que oran juntos, aquellas que leen la Biblia juntos, y aquellas que asisten a la iglesia juntos. Dios lo creó y ellos practican el sexo como Él quiere que lo hagan.

Primera de Corintios 7:3-4 es un pasaje fundamental acerca de los planes de Dios para la sexualidad en el matrimonio.

> *"El hombre debe cumplir su deber conyugal con su esposa, e igualmente la mujer con su esposo. La mujer ya no tiene derecho sobre su propio cuerpo, sino su esposo. Tampoco el hombre tiene derecho sobre su propio cuerpo, sino su esposa."*

Este versículo en 1 Corintios habla acerca de la administración, ¿verdad? Tu cónyuge es el administrador de tu cuerpo. Él lo es. Ella lo es. "¡Ed, estás bromeando!". Mira el pasaje una vez más: *"La mujer ya no tiene derecho sobre su propio cuerpo, sino su esposo. Tampoco el hombre tiene derecho sobre su propio cuerpo, sino su esposa".* ¿Estás en sintonía con las Escrituras?

OBSTÁCULO DEL SEXO #2
No entiendes el apetito sexual de tu cónyuge.

Voy a hacer una afirmación profunda. ¿Estás listo? Los hombres y las mujeres son diferentes. Puedo sentir las repercusiones.

Algunas parejas no tienen la menor idea de las diferencias en el apetito sexual entre hombres y mujeres. Veamos el apetito sexual del hombre, por ejemplo. El apetito sexual del hombre es como una carrera corta. En un instante, así de rápido, está listo para tener sexo.

Por otro lado, el apetito sexual de la mujer, es más como una carrera de 5 km. Ella, por así decirlo, trota hacia el sexo. Dios nos programó de manera distinta, con apetitos sexuales únicos. El esposo experimenta el sexo, y de sus experiencias sexuales fluyen sus emociones. La esposa es el polo opuesto. Ella tiene que experimentar sentimientos antes de poder experimentar la intimidad física.

He aquí en qué fallamos: estos son los problemas que ocurren. El esposo, el corredor, se acerca a su esposa de la forma que él quisiera que se le acercaran. Él es agresivo y toma la iniciativa para tener sexo.

La esposa, ¿qué hace? Se acerca a su esposo en la forma que ella quisiera que se le acercaran, con romance, con intimidad, con suavidad. Ella trota hacia el sexo. Por lo tanto, tienes un problema y un poco de tensión aquí. Tienes a uno haciendo las cosas a su manera mientras que el otro hace lo suyo a su manera. Como decía Keith Jackson, el famoso comentador de fútbol americano: "Wao, Nelly".

Edificador del sexo #2
Atiende el apetito sexual de tu cónyuge.

No tenemos idea de los distintos apetitos sexuales. Por lo tanto, ¿cuál es el edificador del sexo? Me encanta este edificador del sexo. Los esposos y las esposas que saben cómo es, atienden el apetito sexual de cada uno.

Déjame primero hablarles a los hombres. En la gran mayoría, nosotros deseamos tener sexo más que nuestras esposas. Eso sí, esto no es siempre constante, pero es verdad para la mayoría de las situaciones y circunstancias. Sabemos cómo es, ¿verdad, muchachos? Hacemos nuestra mejor jugada, pero a ella no le gusta porque no tiene ganas. Y sabemos de ese sentimiento feo que sentimos cuando eso sucede. Si eres hombre, sabes perfectamente a lo que me refiero.

El doctor Willard Harley, un psicólogo cristiano, tiene una linda ilustración que nos ayuda a comprender el apetito sexual de un hombre por una mujer, y lo que el hombre atraviesa cuando es rechazado. Imagínense, esposos y esposas, una banqueta alta con un vaso de agua encima. El esposo está al lado de la banqueta y la esposa está al lado de él. La esposa está inmóvil. Ella no puede alcanzar el agua. El esposo es el único que puede alcanzar el agua.

Esto es lo que sucede, dice Harley. La esposa le dice al esposo: "Querido, ¿podrías darme un vaso de agua? Tengo sed".

El esposo se voltea y responde: "No quiero ahora. No tengo ganas; tal vez en un par de horas".

Las horas pasan. Una vez más, la esposa le dice al esposo: "Cariño, tengo sed. ¿Podrías darme un vaso de agua?".

El esposo responde: "Estoy cansado, ¿sabes? Tuve un largo día, ¿de acuerdo?".

Luego la esposa comienza a enojarse. Ella comienza a sentir cómo la temperatura sube. A esta altura, quiere un vaso de agua desesperadamente, así que demanda un trago de agua. "Quiero un vaso de agua. Eres la única persona que me puede dar un vaso de agua."

El esposo mira a la esposa, comienza a marcharse y le dice: "No vas a recibir tu agua si te comportas así".

El esposo regresa a la escena una hora después, y la esposa a esta altura está sumamente furiosa. Finalmente, el esposo dice: "De acuerdo, ¡aquí tienes tu agua, tómatela!".

Cuando la esposa comienza a beber el agua, ¿crees que está satisfecha? ¿Crees que en verdad su sed fue saciada? No. Ella piensa que volverá a tener sed, y que si quiere volver a tomar agua tendrá que tener mucho cuidado con lo que le vaya a decir a su esposo.

Así es el apetito sexual del hombre. De la misma manera que un vaso de agua calma la sed, el sexo en el matrimonio le sacia física, espiritual, emocional y sicológicamente. Pero el sexo debe ser dado y recibido con un espíritu adecuado, para que en verdad pueda satisfacer esos deseos.

Bueno, ahora es el turno de los hombres. Los hombres son tan estructurados, que muchos de nosotros no tenemos la menor idea del contexto general de la relación matrimonial. Somos, por lo general, personas unidimensionales.

Poco tiempo atrás abordé un avión, y pasé al lado de un grupo de mujeres. Una de ellas leía un libro llamado "Todo acerca de los hombres". La miré y le dije: "¿Conque todo acerca de los hombres?".

Ella dijo: "Sí, es un libro corto".

Me moría de la risa. Cuando me senté, unas diez filas detrás, me dije: "Voy a incluir eso en uno de mis mensajes". La casa puede estar sucia. Puede que hayas estado discutiendo cinco minutos antes. Si eres hombre, es probable que le des una palmada a tu esposa por detrás y digas: "Hey, hey. ¿Qué tal si tú y yo nos vamos para la habitación?".

Las esposas, por otro lado, son multifacéticas y multidimensionales. Es muy importante para ellas el contexto que rodea la parte sexual. Necesitan saber que todo está bien fuera de la habitación antes de que todo esté bien entre las sábanas.

¿Qué hacemos al respecto? Sí, tenemos esos momentos donde tanto el esposo como la esposa tienen ganas, cuando los dos quieren hacer el amor. Pero, ¿qué haces cuando uno está listo y el otro no?

Esposos, esto es lo que deben hacer. Tienes que ir más despacio. Deja de correr todo el tiempo, y comienza a trotar con tu esposa. A veces es divertido trotar. Esposas, no vayan siempre despacio. Traten de incorporar algunos tramos rápidos en los 5 km. Cuando el esposo piensa en las necesidades de su esposa, y ella en las de su esposo, tenemos a dos personas que comprenden el ritmo de la pasión. Si quieres hacer que tu pareja tenga ganas, acércatele como él o ella desea que te le acerques.

OBSTÁCULO DEL SEXO #3
Tienes ideas irrealistas sobre el sexo.

La imagen irrealista del sexo que presentan las novelas, la televisión, las películas, entre otros medios, hace que muchas parejas tengan expectativas erróneas acerca del sexo en sus relaciones de la vida real.

Cuando estaba en la Universidad de la Florida, un gran amigo y yo mirábamos algunas películas juntos de vez en cuando. Y cada vez que veía algo patético, mi amigo decía, "Uy, qué irreal". Las primeras veces era gracioso, pero después de la décima vez me daban ganas de golpearlo.

Así como mi amigo, tal vez de manera no tan pesada, debemos identificar las ideas e imágenes irreales sobre la sexualidad cada vez que las vemos u oímos. Virtualmente, dondequiera que vamos, en cada rincón de la vida, somos bombardeados con esto vez tras vez.

Tomemos como ejemplo las comedias románticas populares. Rara vez el sexo sucede en la vida real como se presenta en la pantalla de cine. Un hombre y una mujer se miran a los ojos, y cinco segundos más tarde se arrancan la ropa y… Así no es como sucede en el matrimonio. Cuando veas algo así, di, "Uy, qué irreal".

Si la gente de Hollywood tuviera todo tan controlado, entonces sus vidas deberían estar muy mal. Si tienes que estar corpulento, y ser una persona hermosa para tener buen sexo, entonces tendrían ventaja en este mercado. Pero estamos hablando de personas con muchos, pero muchos problemas. Solo tienes que acercarte a una caja en el supermercado para ver en las portadas de las revistas que las vidas de estas personas no son necesariamente perfectas.

No midas tu sexualidad contra lo irreal de las películas, los videos o los medios seculares. Esa no es la verdadera historia.

Déjame decir algo acerca de la pornografía. Se ha convertido en algo popular el traer videos para adultos al dormitorio. Los esposos y las esposas racionalizan esto diciendo que les ayuda en el dormitorio ver a otras parejas hacer el amor. "Lo que los excita a ellos nos excitará a nosotros" es la racionalización. Leí varios estudios. Así que no me vengas con eso.

En primer lugar, cuando traes un video para adultos al dormitorio, te involucras en la lujuria de excitarte por otra u otras personas. La excusa de que solo miras y no te involucras con la otra persona no es para nada bíblica. Cristo dijo que si uno comete lujuria en su corazón está cometiendo adulterio.

En segundo lugar, la pornografía solo hace que quieras más y más. Te vas a volver una persona adicta a la estimulación adicional, y comenzarás a necesitarla para poder excitarte con tu pareja.

Este es mi consejo sin pelos en la lengua: si estás involucrado o involucrada con videos pornográficos, tíralos a la basura y no obtengas ninguno más. Y si has llegado a ese punto de adicción, por favor busca la ayuda de algún buen consejero cristiano o grupo de apoyo. La pornografía tiene el poder de dejar a los matrimonios en las cenizas. Si no se la trata con seriedad y rapidez, destruirá la intimidad con tu cónyuge. Haz lo que sea necesario, ahora mismo, para remover de tu vida esta influencia incineradora, antes de que sea demasiado tarde.

EDIFICADOR DEL SEXO #3
Ve más allá de la cortina de humo secular.

Vé a través de la cortina de humo, esta cortina de humo secular que distorsiona las realidades del compromiso de un matrimonio cristiano. Mira tu vida amorosa a la luz de las Escrituras, y fíjate qué dice la Biblia acerca de un hombre y una mujer comprometidos con Dios y el uno con el otro en el contexto del matrimonio; un hombre y una mujer que sirven el uno al otro con energía y creatividad. Estas parejas ven el sexo como una oportunidad para tener mayor intimidad y como discipulado mutuo. Dicho en pocas palabras, es una relación de mutuo beneficio.

Después de hablar de este tema durante un servicio en *Fellowship Church*, una mujer le comentó de manera entusiasta a mi esposa Lisa: "Me encantó el mensaje de hoy. Mi esposo y yo vamos a ir a casa a hacer un poco de discipulado". ¡Amén!

OBSTÁCULO DEL SEXO #4
Estás destrozando el templo.

Este obstáculo es uno de mis favoritos, porque es tan obvio que muy a menudo lo ignoramos. Préstale atención a los detalles del aseo e higiene.

Como hombres, muchos de nosotros una vez casados decimos: "Ya tengo a mi esposa. Puedo perder la figura y aumentar de peso. Puedo hacer una huelga de higiene. Pero deberías haberme visto cuando salía con ella. ¡En ese entonces sí que me veía bien!"

Algunos son tan descuidados respecto a la higiene, que todavía se visten con su uniforme de escuela secundaria; con la indumentaria de la clase de educación física, con unos pantalones cortos y una camiseta gastada, sin afeitarse. Seguramente él piense: "¡Mira, cariño! Todavía tengo ese qué se yo, ¿viste?". Cuando en verdad su esposa se pregunta por qué debería sentir ganas de tocarlo.

Esto es lo que las esposas hacen. Terminan usando uno de esos camisones "esta noche no" a la hora de ir a dormir. Estoy seguro de que saben de lo que estoy hablando.

Nos podemos reír de todos estos casos, pero representan un verdadero problema en la vida de muchos matrimonios. Después de decir, "Sí, acepto", decimos "No acepto". "No acepto tener que trabajar duro para verme bien para mi cónyuge." "No acepto tener que preocuparme por competir o salir con ella." "No acepto tener que impresionarla más cuidando mi cuerpo."

Me encanta trabajar en el ministerio. No hay nada igual. Veo lo bueno. Veo los milagros de Dios al presenciar vidas siendo cambiadas a diario. Pero también veo la otra cara. Veo los resultados del pecado y la destrucción de las relaciones que se van por la borda. Y lo que por lo general me sorprende es el cambio físico que atraviesa alguien que recién se divorcia, se separa, o que se involucra en una relación extramarital. ¡Eso sí que es una transformación!

A veces, algún hombre involucrado en adulterio me viene a hablar de su situación. Lo veo y pienso: "¿Qué te pasó? Bajaste doce kilos. Te vistes mejor y tienes otro peinado. Veo que te cuidas ahora para la otra persona. ¿Por qué no lo hiciste para tu cónyuge en el matrimonio?".

Veo a alguna mujer que se divorció. De pronto bajó veinte kilos, se hizo un cambio de imagen. ¿Por qué no lo hizo mientras estaba casada? Aunque hay excepciones y este no es siempre el caso para todos, debo preguntarme: "¿Por qué esperaste tanto tiempo para cuidar tu apariencia?".

Camino al aeropuerto en otra ciudad, vi un cartel que decía: "La clave es el trabajo". Esta debería ser la calcomanía de automóvil para los casados. ¿Recuerdas la ELM, la Ética Laboral del Matrimonio? Lleva trabajo tratar con todos estos obstáculos del sexo, pero se necesita un compromiso de trabajo duro para poder cortejar a tu cónyuge manteniendo y cuidando tu apariencia física. No ignores lo obvio: no puedes mantener una vida sexual en forma si no mantienes en forma tu cuerpo.

EDIFICADOR DEL SEXO #4
Cuida el templo.

Este edificador del sexo proviene de 1 Corintios 6:19: "*¿Acaso no saben que su cuerpo es templo del Espíritu Santo, quien está en ustedes y al que han recibido de parte de Dios?*". Cuida el templo. Si eres un seguidor de Cristo, tu cuerpo es Su templo, el templo donde habita el Espíritu Santo de Dios.

Tenemos un dicho en Texas: "No te metas con Texas". Dios nos dice: "No descuides el templo". No me refiero a que debemos convertirnos en una pareja estilo Barbie y Ken, o en una obsesión física que domine nuestras vidas. Me refiero a hacer lo mejor que podemos con lo que tenemos.

Comer sano, hacer ejercicio, y mantener la figura lo mejor posible son actos de adoración a Dios. Romanos 12:1 dice: "*...que cada uno de ustedes, en adoración espiritual, ofrezca su cuerpo como sacrificio vivo, santo y agradable a Dios*". Cuando cuidamos nuestro cuerpo, nuestro templo, expresamos nuestro amor a Dios, y amor por nuestro cónyuge.

Obstáculo del sexo #5
Presentas excusas en vez de hacer el amor.

No me gusta mencionar esta porque, en 1 Corintios 7:5, la Biblia nos lo dice de frente. El obstáculo del sexo número cinco es el gran rechazo. Sabes bien a qué me refiero. Uno tiene ganas y el otro dice: "No, estoy cansada. Estoy agotada. Eso es lo único en que piensas". Y la mayoría de las veces, sin ofender a las esposas, es una situación en la que la mujer responde así.

Déjame explicarte lo que sucede cuando tienes una respuesta negativa a los avances de tu cónyuge. En primer lugar, puedes humillar a la otra persona con tu respuesta. Rechazar a tu cónyuge de continuo comunica que algo debe estar mal con sus deseos, o que sus necesidades no son legítimas. Se necesita cierta cantidad de vulnerabilidad para pedir que tus necesidades sexuales sean satisfechas, y es vergonzoso y doloroso que esa vulnerabilidad sea rechazada.

En segundo lugar, puedes interrumpir tu compañerismo con Dios. Es pecado privar a tu cónyuge de sus necesidades sexuales. Y cualquier pecado pone una barrera a tu compañerismo con el Señor. La relación matrimonial es un reflejo de la relación que Cristo tiene con la Iglesia. Esa correlación única hace que cuando tu relación matrimonial se rompe, tu relación con Cristo es afectada de manera negativa.

En tercer lugar, estás dando lugar a tentaciones peligrosas tanto para ti como para tu cónyuge. Muy tristemente, cuando las esposas y los esposos no reciben lo que necesitan en la casa, salen a buscarlo a otras partes. El potencial de los resultados devastadores de los "ojos vagos o exploradores" son obvios.

EDIFICADOR DEL SEXO #5
Dejen de privarse el uno al otro.

En otras palabras, no den más excusas. Hagan el amor. "Ed, esas son palabras audaces". No son mías. Veamos a los Corintios. Ellos tenían discusiones sobre este tema en los tiempos bíblicos, cuando uno tenía ganas y el otro no.

El apóstol Pablo, inspirado por el Espíritu Santo, escribió en 1 Corintios 7:5: *"No se nieguen el uno al otro, a no ser de común acuerdo, y sólo por un tiempo, para dedicarse a la oración"*. Más allá de algún problema médico o cuestión de salud, la única excusa que deberíamos dar es: "Estoy orando." Pero los dos deberían estar de acuerdo.

Mientras estudiaba este tema, hablé con Preston Mitchell, uno de los pastores de nuestra iglesia, para conocer su opinión. Esto es lo que tenía para comentar: "Sí, si el esposo y la esposa se ponen de acuerdo en abstenerse por un tiempo, ya sé por qué va a orar el esposo: ¡sexo!". Estaba bromeando… eso creo.

Pablo continúa: *"No tarden en volver a unirse nuevamente; de lo contrario, pueden caer en la tentación de Satanás, por falta de dominio propio"*. No creo que la Biblia nos diga que nunca podemos decir "no". Pero "no" debería ser una excepción. Y no digas simplemente que no. Si dices que no, dilo con un compromiso para el futuro: "No, en un par de horas", "No, mañana por la mañana",

"No, mañana por la noche". Este plazo a futuro les da a los dos algo por qué esperar.

Una gran excusa hoy día es: "Estoy cansado", "Estoy cansada". Pero estar fatigado, en gran parte, es algo mental. A mí me encanta la pesca, especialmente pescar con mosca en el mar. Cuando salgo unos días de pesca, me puedo levantar a las cuatro de la mañana, listo para pescar. Tal vez esté cansado físicamente, pero mentalmente estoy listo para pescar. Y esa actitud mental hace que mi cuerpo cansado responda.

¿Te sientes con mucho cansancio para tener sexo? ¿Veinte, treinta, cuarenta y cinco minutos con tu cónyuge? Tienes que decirte mentalmente: "Voy a tener relaciones con mi esposo, con mi esposa, con mi compañero o compañera con quien hice un pacto. Voy a decir, mentalmente, que estoy listo o lista". Te sorprenderás al ver cómo tu cuerpo responde a este compromiso mental.

Te presento un panorama hipotético. El esposo y la esposa están en la cama, y ella está muy cansada para tener relaciones. De pronto, suena el teléfono y es su ex compañera de cuarto de la universidad. "¡Hola, amiga! ¿Cómo estás? ¡Qué bueno oírte!". El esposo piensa: "¿Qué le sucedió a mi esposa? ¿Cómo pasó esto tan rápido?".

Se necesitan dos para bailar tango. Si quieres tener una gran conversación, entonces es mejor que los dos estén involucrados. Si quieres un gran romance, más les vale que los dos tomen parte en el asunto. Si quieres tener excelente sexo, entonces los dos deben estar excitados, mental y físicamente.

"Bueno, Ed, ¿me estás diciendo que debo decir que sí bastante?". Sí, correcto. Eso es lo que dice la Biblia. Y no me refiero a un sí apático: "De acuerdo, puedes hacerlo". No creo que eso es lo que Pablo tuviera en mente. Creo que un "sí" apático es tanto un pecado ante Dios como lo es rechazar los avances de tu cónyuge.

A esta altura, si eres una mujer, tal vez pienses: "Este libro no me gusta para nada. Este tipo no sabe nada de la realidad. Él es hombre, es obvio que va a decir estas cosas".

Bueno, déjame compartirte algo. Lisa es la coautora de este material, y no le parece que yo haya sido duro con las mujeres. Volveremos a tocar este tema en el último capítulo, cuando Lisa responderá algunas de las preguntas más frecuentes que nos han hecho acerca de nuestro matrimonio.

Obstáculo del sexo #6
Estás permitiendo que tus hijos bloqueen tu intimidad marital.

Este obstáculo puede resumirse en una sola palabra: hijos. Creo en verdad que los hijos son regalos de Dios. Pero los niños pueden, y seguro podrán, entorpecer tu vida sexual. En el capítulo dos nos enfocamos en hacer que la familia se centre en tu cónyuge. Este principio es sumamente importante a la hora de considerar cómo hacer de la intimidad marital una prioridad en tu hogar.

¿Sabes qué significa la palabra CHICOS? Con Hijos la Intimidad Conyugal es Obstruida Seguramente. Si no están saliendo como pareja con frecuencia, este obstáculo puede presentarse. Si no tienes horarios fijos y monitoreados a la hora de dormir, ni ciertas áreas de la casa restringidas durante tu "tiempo romántico", tus momentos íntimos serán mínimos y espaciados.

EDIFICADOR DEL SEXO #6
Haz un viaje romántico.

Este edificador tiene que ver con subirse a un R-52. R de receso y 52 de cincuenta y dos semanas al año. Esposos y esposas, los desafío a que se tomen un receso dos veces al año, solo para ustedes dos. Salgan por una noche entera o dos, dos veces al año, cada seis meses. Vayan de viaje para reencender las llamas de su romance. Vayan para tener intimidad. Vayan para tener sexo.

"Ed, no conoces nuestras finanzas. No podemos pagar eso." ¿Qué tal si van a acampar? Tal vez la familia puede venir, y ayudarles con los niños para que tengan un retiro matrimonial en casa. Usen la creatividad para hacer que suceda. Es mejor pagar el precio ahora, aunque debas sacar un préstamo, que terminar en bancarrota relacional más adelante.

No debes ignorar el R-52 porque si no, puedes verte en la ruina. Tomarse estos recesos vale la pena, y le traerá grandes beneficios a su matrimonio.

OBSTÁCULO DEL SEXO#7
Compartes cosas sagradas con la gente equivocada.

No cuentes esas cosas íntimas que suceden en la habitación con tus compañeros de golf, con tus amigas de tenis, con tu colega de trabajo. No lo hagas.

Presta atención a las palabras de Hebreos 13:4: *"Tengan todos en alta estima el matrimonio y la fidelidad conyugal"*. Una cosa es hablarlo con un consejero cristiano o pastoral, pero de ahí no debe salir. Si divulgas estas cosas sagradas, perderás la confianza que tu cónyuge tiene en ti, y tal vez avives las llamas del adulterio.

EDIFICADOR DEL SEXO #7
Habla del sexo abiertamente con tu cónyuge.

La persona con quien debes conversar sobre el sexo es con tu cónyuge. Siéntense y discutan lo que les gusta y lo que no, sus deseos y pasiones, sus problemas y necesidades. Pongan todo sobre la mesa y traten con esos asuntos.

Tal vez tengan que consultar algún libro acerca del sexo como el del Dr. y Dra. Cliff, *Restoring the Pleasure* [Cómo restaurar el placer]. Pueden leer en voz alta, cada uno un capítulo, o leerlo por separado y cada uno resalta sus pasajes favoritos para discutirlos después. No creerás lo que puede suceder.

Si no se sienten cómodos hablando de asuntos sexuales, entonces comiencen lentamente hasta que puedan desarrollar un nivel de confianza mutua para abrir el corazón. Lo mejor del sexo es la comunicación, así que debes buscar la forma de traer la comunicación al lecho matrimonial.

OBSTÁCULO DEL SEXO #8 (PARA LOS SOLTEROS)
Estás salpicándote en sexo prematrimonial.

Estudié muchas de las grandes religiones del mundo por varios años. Y algo que encontré en cada una de ellas, sin excepción, es una enseñanza clara en contra del sexo prematrimonial. Lo negativo del sexo casual es tan obvio y devastador que la suma colectiva de la sabiduría de todos estos tipos de fe concuerda en este punto.

Pero más allá de lo que cualquier otro credo diga, no hay nada de lugar para el sexo prematrimonial para una persona soltera cristiana. Estás cometiendo una traición cósmica contra el único

Dios verdadero. No me importa si se trata de tu prometida o de alguien que conoces desde hace mucho tiempo. Si viven juntos y tienen relaciones sexuales, están pecando contra Dios.

Y cuando continúan viviendo en pecado, Dios no puede bendecir tu vida presente, ni tu vida sexual futura en tu matrimonio como Él desea. Entiendo la tentación y el atractivo de esto. Nos convencemos a nosotros mismos que no pasa nada, que es solo algo físico y que no impactará nuestra relación futura.

El sexo prematrimonial no es algo casual o simplemente físico. Es una parte multifacética y multidimensional de la relación. Hay un aspecto espiritual, sicológico y emocional en cuanto a la intimidad sexual.

Cuando te involucras en el sexo prematrimonial tienes una gran probabilidad de casarte con la persona equivocada. ¿Por qué? El sexo es tan poderoso que puede cegar tus capacidades de raciocinio. El sexo te une como ninguna otra cosa. Te engancharás con él o con ella y más tarde dirás: "¿Por qué rayos hice eso?". Seguramente porque tuviste relaciones sexuales con esa persona.

Si estás teniendo relaciones sexuales fuera del matrimonio ahora, para. ¡Para! Di que vas a desenvolver el mejor regalo que le puedes dar a tu cónyuge la noche de bodas: tu sexualidad. No te engañes a ti mismo, no te creas tus propias mentiras. Dios instituyó el sexo para la cama matrimonial por una razón, y debemos respetar ese hecho más allá de lo que puedas sentir. Dios tiene las mejores intenciones para con nosotros. Tienes que acudir a Él para ser fuerte en esto. Confía en Él como suplidor de todas tus necesidades mientras esperas a tu futuro cónyuge.

Tengo un gran amigo que vive en la costa oeste de los Estados Unidos. Era un atleta universitario y, durante esos años, fue muy promiscuo. Se convirtió y tiempo después se casó.

Después de muchos años, su matrimonio atravesaba terribles problemas, y estaba a punto de derrumbarse. Estaba a punto de hacer algo tan pero tan tonto, que yo no lo podía creer. Por la gracia de Dios y luego de varias confrontaciones de amigos cristianos, él y su esposa buscaron la ayuda de un consejero cristiano.

Gracias a Dios, retomaron el rumbo y ahora están muy bien. Pero él te diría que la razón principal por la que estaban teniendo esos problemas en el matrimonio era debido a su promiscuidad antes de casarse. Él, por así decirlo, trajo a todas esas otras mujeres al dormitorio con su esposa.

No lo hagas. No vale la pena. Sé que el sexo es divertido, como lo es cualquier otro pecado, por lo menos al principio. Pero el pecado no tiene solo placeres, sino repercusiones. Y esas repercusiones son brutales.

Edificador del sexo #8
Guárdate para el pacto.

Este punto es autoexplicativo. Si fallaste en el pasado, o si estás en el proceso de fallar e involucrarte en relaciones sexuales prematrimoniales, detente ahora y guárdate para tu cónyuge.

Si has sido una persona sumamente disciplinada en mantenerte libre del sexo prematrimonial, no te rindas ahora. Sé que es difícil, la tentación pareciera ser demasiada a veces, pero Dios te recompensará por tu fidelidad. Haz lo que sea necesario para conservar este acto sagrado, y guardarlo para el matrimonio.

Evita lugares y situaciones tentadoras, como estar solos en el apartamento o automóvil. Considera actividades donde puedas salir con un grupo de personas responsables. Y sigue el consejo de Pablo a los Corintios: *"Huyan de la inmoralidad sexual"* (1 Corintios 6:18). Es así de simple.

Cuando seas tentado a ceder al sexo, corre. Sal de allí. No te mientas a ti mismo diciendo: "Oh, yo puedo resistir. No voy a responder a estos deseos". Dios sabe lo difícil que esto es para nosotros, por eso Él nos advierte que salgamos de allí cuando el fuego comienza a arder.

Obstáculo del sexo #9
Atrapado en la monotonía

¿Has oído de las relaciones monógamas, verdad? Eso es algo muy bueno. Pero hay algo llamado matrimonio monótono, lo cual no es nada bueno. En realidad, es un gran obstáculo del sexo. El matrimonio consiste de más y más de lo mismo. Tienes un aspecto anticuado, siempre usas el mismo atuendo, dices lo mismo, estás en el mismo lugar de siempre, y haces el amor como siempre lo has hecho.

En vez de estar en la monotonía, debemos modelar nuestras vidas y relaciones según la esencia de Dios. Dios no es monótono. Es un ser altamente creativo e innovador. Si lo conocemos, vivimos para Él y lo adoramos de manera corporativa e individual, vamos a tener creatividad en cada aspecto de nuestras vidas.

No puedes hacer las mismas cosas de siempre, y esperar distintos resultados. Debemos cambiar. Debemos trabajar. Debemos echar fuera la monotonía, y tener sexo como Dios quiere que lo tengamos.

Edificador del sexo #9
Restauremos el romance.

Si buscas la palabra impráctico en el diccionario, uno de sus sinónimos es romántico. ¿Qué te parece? Debemos ser personas imprácticas del romance.

Hombres, necesitamos ayuda con esto. Los desafío a que tomen una traducción moderna del Antiguo Testamento y lean del libro de *Cantar de los Cantares*. Habla de temas candentes, ¿verdad? Fue escrito para esposos y esposas acerca de hacer el amor, y de cómo mantener el romance en la relación.

Salomón era creativo. Ni siquiera podía deletrear monotonía. Salomón le hacía aretes a su esposa. Le escribía poemas. Salomón revistió su recámara con madera fina de cedros del Líbano. La llevaba por largos paseos por el bosque.

¿Qué hacía su esposa? ¿Acaso respondía a su creatividad con monotonía? No, para nada. Ella se le acercaba como él quería que se le acercara. Y él a ella, como a ella le gustaba.

El texto cuenta que ella bailaba para él en puro negligé. Salomón la llevaba a un hotel bíblico. La esposa tuvo iniciativa propia y le dijo: "Salomón, hagamos el amor al aire libre. Quiero mostrarte algo viejo y algo nuevo". Me detengo aquí. Tú puedes leer el resto. La B-I-B-L-I-A, ¡ese sí es mi libro!

Al comenzar este capítulo, te pregunté qué pensabas cuando oías la palabra sexo. Es mi oración que de ahora en adelante puedas pensar en las connotaciones bíblicas que Lisa y yo detallamos en este capítulo. Queremos que hagas uso del sexo a la manera de Dios, dentro de sus parámetros, y que uses este maravilloso regalo como Él desea. Dale gracias a Dios por ese deseo, al estilo aullido de lobo, que tenemos por el sexo opuesto. Usemos los edificadores del sexo para poder construir una gran vida sexual en nuestros matrimonios y eliminar esos obstáculos. ¡Diviértete!

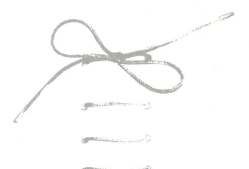

Principios básicos de la
intimidad creativa

- ✦ Mira el sexo como Dios lo creó, tomando como referencia las Escrituras en vez de nuestra cultura.

- ✦ Ponte en sintonía con el deseo sexual de tu cónyuge, y hablen abiertamente de su vida sexual.

- ✦ Cuida tu cuerpo como acto de adoración a Dios, y honor y respeto por tu pareja.

- ✦ Implementen salidas creativas y tomen los R-52 para avivar las llamas del romance en la relación.

- ✦ Si eres una persona soltera, haz un compromiso de guardar el sexo para la cama matrimonial. Desenvuelve el mejor regalo que le puedes dar a tu cónyuge en la noche de bodas.

CAPÍTULO 5

FINANZAS CREATIVAS

Cómo defender tu matrimonio del monstruo del dinero

Como la mayoría de los matrimonios jóvenes, Lisa y yo pasamos nuestros primeros años juntos en un apartamento. Tres años después agregamos un par de perros (un *Rottweiler* de setenta kilos y otro de treinta), y decidimos que era hora de buscar una casa.

Habíamos buscado por todo Houston, y encontramos una casa que tenía unos treinta y cinco años desde que se construyera. La compramos porque tenía un gran patio y porque la repararíamos con el tiempo. Y así fue, vivimos allí por muchos años.

Nunca me olvidaré cuando decidimos comenzar a trabajar en el patio. No me gusta mucho la jardinería, así que Lisa tenía que obligarme a salir y trabajar en el patio.

Había una pequeña casa en un árbol en el sector izquierdo del fondo, y se caía a pedazos. Sin prestarle mucha atención, comencé a cortar el césped.

Después de haber cortado unas lindas líneas de césped, sucedió. Fui rodeado por docenas de abejas y me picaron tres veces. Me refiero a picaduras sumamente graves. Como si esto fuera poco, soy alérgico a las picaduras de abejas. Así que no es necesario que les diga que comencé a danzar y saltar como si estuviese en una audición para un musical. Corrí adentro y dije: "¡Lisa, abejas… por todos lados… me picaron… ay… alérgico… ay!".

Con toda la compasión del mundo me dijo: "Querido, seguramente te picaron un par de veces. Tal vez fue algo esporádico. Vuelve y sigue cortando el césped".

Como buen esposo, encendí la podadora nuevamente. Esta vez hasta los perros se revolcaban en el piso. Las abejas tenían una nueva presa, mis pobres perritos. Había abejas por todos lados. Corrí adentro otra vez: "Lisa, más abejas. Hasta los perros fueron picados. ¡Esto es grave! Tengo una idea. ¿Por qué no vas tú afuera, Lisa, prendes la podadora de césped, y tal vez podamos encontrar de dónde salen?".

Vestí a mi esposa como un buzo, pantalones y un gorro. Lo único que se le veían eran los ojos. Lucía bien. Salió y cuando encendió la podadora, un montón de abejas furiosas salieron de esa casucha en el árbol, y comenzaron a atacar a Lisa. Aunque no podían picarla dado que tenía tantas capas de ropa, Lisa corría por todos lados, y los perros se revolcaban de nuevo.

Finalmente corrí hacia la casa. Abrí la puerta desde la seguridad de mi propio hogar, y Lisa entró corriendo. Cerré la puerta detrás de ella, pero era demasiado tarde. Unas diez abejas habían entrado a la casa, y comenzaban a golpear contra las ventanas. Después de una larga batalla, logramos matar las diez abejas, pero todavía teníamos el problema de las abejas afuera en el patio.

Lisa llamó a un hombre que se especializa en fumigaciones. Este gran tipo se llamaba Sr. Smith. Smith cojeaba porque había sufrido una lesión durante la guerra en Vietnam. Le explicamos que teníamos un panal con abejas furiosas afuera, en la casucha en el árbol, y nos dijo que nos calmáramos, que él se encargaría de la situación. Dijo: "Hace quince años que trato con abejas. No me pican, dado que conozco sus hábitos. Y, además, tengo una fórmula especial".

Smith se subió a una escalera para llegar hasta la casa en el árbol. Las abejas comenzaron a atacarlo. Se cayó de la escalera y comenzó a revolcarse por el suelo. Las abejas eran tan agresivas que las envió a analizar a un laboratorio en Texas para ver si se trataba de lo que denominan abejas asesinas. Nos dijo que esta era la peor clase de abejas que jamás había visto en sus quince años de carrera.

Es algo horroroso verse atacado por abejas. Me sucedió a mí, y seguro que a ti también. Pero en este capítulo quiero que veamos algo mucho peor. ¿Acaso has sido atacado por tarifas asesinas? Así es, tarifas asesinas. No importa si ganas miles de millones, millones, miles o cientos de dólares. Si eres una persona casada, o soltera, vas a ser atacado, de una forma u otra, por las tarifas asesinas.

Así como buscamos la fuente del panal, lo primero que debemos hacer para proteger nuestras finanzas es descubrir la fuente de esas tarifas asesinas. La organización *Gallup* estima que cincuenta y seis por ciento de los divorcios cada año en los Estados Unidos son causados por conflictos y problemas de finanzas. Es un problema grave y una fuente importante de conflicto en el matrimonio.

Cuando consideras las tarifas asesinas, debes considerar su estrategia de ataque de tres frentes. Las tarifas asesinas: 1. Nos pican, 2. Nos inmovilizan y 3. Siembran el caos en nosotros. Para poder combatir este plan de ataque, debemos comprender las tres fuentes principales de tarifas asesinas.

Ataque de las pirañas plásticas

La primera fuente de ataque es en forma de plástico. ¿Es necesario que explique a qué me refiero? Tarjetas de crédito. Te casas y comienzas a comprar ciertas cosas "necesarias": cosas como esa batidora especial para tu cocina, o el televisor de alta definición para la sala de estar. Cuando este tipo de compras se convierte en un hábito, fíjate en lo que sucede.

Las tarjetas de crédito son unas pequeñas tarjetas muy interesantes. Se presentan en brillantes colores como rojo, blanco, azul, dorado y hasta platino. Vienen con fotos hermosas de la naturaleza o con tu equipo deportivo favorito. Tienen nuestros nombres grabados en la parte inferior, y hasta cuánto hace que somos miembros de esa tarjeta. Y ocupan el mejor lugar de exposición en nuestras billeteras.

Parecen inofensivas cuando uno comienza a usarlas. En realidad, cuando usas algunas tarjetas recibes millas de viajero frecuente, o descuentos en alquiler de automóviles. El mundo de los bancos quiere que usemos las tarjetas. Compras algo, le entregas la tarjeta al cajero, el cajero la pasa por una máquina, te la devuelve y dice: "Señor, ¿puede firmar aquí?". Firmas y listo, ningún problema, tienes tu artículo. Rápido y sin dolor.

Te vas contento y piensas: "Wao, la tarjeta de crédito es lo máximo. Me encanta esta tarjeta. Es mi amiga". Sin embargo, treinta días después llega la correspondencia y oyes un sonido atormentador. Y piensas, ¿acaso hay termitas o ratones en esta casa? Y luego abres el sobre, y ves el estado de cuenta. Sí, ese sonido persistente es el precursor a un ataque inminente por parte de las tarifas asesinas. Estás siendo perseguido por las pirañas de plástico. Ellas huelen la sangre.

Un comercial reciente de una tarjeta en particular nos advierte de este mismo ataque inminente. Tal vez lo viste. Un hombre llega a su casa después de haber comprado algo con una tarjeta de crédito. La esposa le pregunta: "¿Compraste eso con las tarjetas? ¿Tienes idea lo que nos costarán los intereses?".

Mientras ella dice esto, un grupo de guerreros bárbaros comienzan a descender de la colina hacia ellos, listos para destruir y saquear su hogar. La genialidad del anuncio es que esta pareja logra salvarse del vandalismo porque usaron una de esas tarjetas con tarifas introductorias de cero por ciento de interés. Los bárbaros se ven desilusionados y pasan de largo su hogar, pero se van a la del vecino, quien recientemente compró algo sin usar esta tarjeta "especial".

No te engañes, que no se burlen de ti. Esta pareja en el comercial solo está retrasando lo inevitable. Con tarifa introductoria o no, las tarjetas siempre te atrapan al final, porque la mayoría de nosotros usamos las tarjetas para comprar cosas con dinero que no tenemos.

Estudios revelan que los estadounidenses que tienen tarjetas de crédito gastan veintiséis por ciento más que aquellos que no tienen tarjetas de crédito. La Biblia nos advierte en Proverbios

22:7: *"...los deudores son esclavos de sus acreedores"*. El dinero se convierte en un vendedor de eslavos, nos vende a nuestro acreedor, de quien pasamos a ser propiedad.

Básicamente, tenemos dos opciones con las tarjetas de crédito. Y quiero desafiarte a que apliques una de estas opciones. La primera es que la pagues en tu totalidad cada mes. Las tarjetas de crédito deben usarse como una herramienta práctica, no como método financiero para obtener algo ahora que no podríamos pagar en efectivo.

La segunda opción es más drástica, pero muy necesaria para muchos de nosotros. Toma un par de tijeras gigantes y córtalas. Algunos de ustedes tienen que hacer esto porque su situación financiera está fuera de control. En vez de hacer que el dinero trabaje a tu favor, estás trabajando para tu dinero. El dinero se te escapa, literalmente. No tienes idea dónde está tu dinero y estás estiradísimo. Estás en grandes deudas por estas brillosas tarjetas, porque te dan la habilidad de comprar cosas tan fácil y rápidamente con dinero que no tienes.

Es tan simple entregarle la tarjeta al cajero. Este tipo de transacción hace que sientas que ni siquiera estás gastando dinero. Por esta razón es que aquellos de nosotros que tenemos tarjetas de crédito gastamos ese veintiséis por ciento adicional. Es hora de despertar y enfrentar la realidad de lo que estas tarjetas te están haciendo a tu familia y a ti.

Hace unos años atrás, un consejero financiero me recordó esas etiquetas de advertencia que aparecen en los paquetes de cigarrillos. Dijo: "Ed, ¿viste que en los paquetes de cigarrillos aparece esa advertencia que fumar es perjudicial para la salud? Creo que debemos poner ese tipo de advertencia en cada tarjeta de crédito diciendo: 'Advertencia, usarla demasiado puede ser perjudicial para sus bienes'". Concuerdo con él. Si necesitas las tarjetas de crédito por alguna razón, de acuerdo. Asegúrate de que las pagues en su totalidad cada mes. Y si tus finanzas están fuera de control, corta las tarjetas.

La Biblia nunca dice que no debemos pedir dinero prestado. He oído a personas decir: "Bueno, la Biblia dice, vez tras vez, que no tomemos dinero prestado". Lo que la Biblia advierte es tomar dinero prestado, y no poder pagarlo. En Salmos 37:21 Dios tiene palabras muy duras para la persona que no paga sus deudas: *"Los malvados piden prestado y no pagan"*. Debemos ser deudores cautelosos que solo tomamos prestado lo menos posible, cuando es absolutamente necesario, y solo cuando lo podemos pagar.

Nunca permitas que las deudas estén fuera de control, porque se apoderarán de ti y gobernarán tu vida. Y no hay ningún tipo de presión que se compare a la presión financiera. Te vas a horrorizar cada vez que tienes que ir a buscar la correspondencia. Te lo prometo.

El mundo habla de seguridad financiera y con mucha razón. Los cristianos tenemos que hablar y vivir el ejemplo de la mayordomía. Todo le pertenece a Dios. Dios es dueño del sol, las estrellas, nuestros automóviles y hogares. Tenemos que meternos en la cabeza que somos mayordomos de todas esas cosas que le pertenecen a Dios. Si te están atacando las pirañas de plástico en tu billetera, entonces es hora de luchar contra ellas.

El bombardeo mediático

Otra fuente de las tarifas asesinas son los medios de comunicación. La Asociación Americana de Publicidad estima que la persona promedio en nuestra sociedad ve u oye más de 7.000 comerciales o publicidades por día, en la radio, televisión, pancartas, en un sin fin de lugares.

Los anunciantes contratan a los mejores productores, escritores y actores para que creen estos comerciales con una meta en mente: crear inconformidad. Quieren que el televidente diga: "Debo tener eso". "Necesito comprarme aquello." "No puedo vivir sin esto."

La publicidad es una industria multimillonaria porque funciona. Están siendo muy exitosos en crear inconformidad en nuestra cultura, incluso entre los cristianos que se supone que saben que el contentamiento no es algo que puede comprarse en una tienda.

Jesús dijo esto en Mateo 10:16: *"…sean astutos como serpientes"*. Debemos aprender de la naturaleza astuta de las serpientes. *"Sean astutos como serpientes y sencillos como palomas."* Cuando veas una propaganda, déjame desafiarte a que veas lo que no muestra; el lado oculto del comercial.

Por ejemplo, ¿por qué no consideramos una propaganda de cerveza? Estos comerciales tienen que ser de los más creativos. Uno de los más clásicos muestra a un tipo apuesto con solo tres por ciento de grasa corporal. Conduce un automóvil deportivo como de setenta mil dólares hasta la puerta de una exclusiva barra.

Entra a la barra, y la gente lo saluda como si fuera el centro de atracción. Mujeres hermosas se le acercan y lo besan en la mejilla, y luego él dice: "Sí, tomaré una cerveza tal y tal". El mesero le da su bebida especial y el anunciante dice: "No hay nada mejor que esto".

¿Qué nos dice ese comercial? Nos sugiere que si bebemos ese tipo de cerveza, podremos conducir un vehículo deportivo lujoso, tendremos tres por ciento de grasa corporal, tendremos todas estas hermosas mujeres besándonos, muchos amigos, y que seremos la vida de la fiesta. La verdad que parece muy fácil. Tal vez todos debamos comprar este producto.

Lo que ese comercial no muestra es la realidad oculta del abuso de alcohol que sucede a menudo. Tampoco muestra a este tipo después de que se toma diez de estos "tragos especiales", y choca su vehículo contra un poste de teléfono, o contra otro automóvil. El comercial tampoco muestra a este tipo cuando llega a la casa, y maltrata a su esposa e hijos. También, de manera conveniente, no presenta los perjuicios asociados al abuso del alcohol. Cuando veas un comercial así, tienes que aprender a ver el lado oscuro de lo que tratan de venderte. No te engañes.

Los comerciales de automóviles, por ejemplo. Ves cómo zigzaguean por los Alpes suizos y dices: "Wao, quiero ese nuevo automóvil con un sistema de sonido increíble, con nueva tecnología de frenos, con más caballos de fuerza. Si tan solo pudiera conseguir ese automóvil". Está bien conducir el automóvil, pero una vez más, debes mirar a lo que no te están mostrando. Estoy seguro que el talonario con boletas de pago de ese automóvil es más grueso que la Biblia; y no me refiero a una Biblia de letra pequeña, sino a las Biblias con cuatro traducciones, comentarios y treinta páginas de mapas. Oye nuevamente la advertencia bíblica. *"Sean astutos como serpientes y sencillos como palomas."*

La presión de grupo

Una tercera fuente de las tarifas asesinas es la presión de grupo. Me encanta la palabra grupo, porque comunica el hecho de que siempre estamos mirando lo que los demás tienen y hacen. "Ellos tienen esa casa. Conducen ese automóvil. Son miembros de tal y tal club. Yo tengo la misma educación, soy tan inteligente y tan joven como ellos. ¡Me merezco tener lo mismo que ellos tienen!".

Tenemos este eterno ciclo de "quiero esto". Nos comparamos y clasificamos con los demás, y decimos "Tengo que tener esto o aquello." Ignorando el noveno mandamiento, racionalizamos nuestros deseos diciéndonos a nosotros mismos que nos merecemos esto o aquello, tanto como se lo merece nuestro vecino. ¿Oíste alguna vez estas excusas?

¿Cómo se metió esta mentalidad materialista en nuestro mundo actual? Estados Unidos es la nación más materialista, la más hambrienta de dinero del planeta. ¿Por qué?

Déjame darte un ejemplo típico de Al, el joven promedio estadounidense. Cuando Al crece, la mayoría de las conversaciones que oye en la mesa, en el desayuno o en la cena, son acerca del dinero, de lo que te puede comprar, lo que te puede conseguir. Llega a la conclusión que el dinero es la clave en la vida.

Luego ve a su padre ascendiendo en la escalera corporativa y, como su padre asciende, recibe aumentos salariales y se mudan a otra parte del país, a una casa más grande. Y luego compran una casa mucho más grade, siempre viviendo mejor que como vivían antes, al límite de sus recursos financieros.

El pequeño Al piensa: "Bueno, creo que el dinero es más importante que las raíces espirituales, familiares, o relacionales. Me parece bien. ¿Dónde me inscribo?".

Y luego, nuestro pequeño muchacho promedio finalmente crece. Le habla a sus padres acerca de la universidad y sus padres dicen: "Tienes que ir a tal universidad y estudiar esta carrera porque te va a dar los mejores ingresos. Aunque no te guste mucho ese rubro, te olvidarás de eso cuando estés nadando en tu piscina nueva y reluciente".

Al se gradúa, comienza su carrera de alto poder, gana mucho dinero, se casa y comienza a pasar a sus hijos, inconscientemente y sin querer, el mismo sistema de valores que aprendió de sus padres.

Ya de anciano, mirando en retrospectiva, descubre que su vida entera se enfocó en la búsqueda del monstruo del dinero. Fue llevado por la vida con rienda corta, y completamente desentendido de esta lucha. Puede suceder. Es real. Y veo a muchos cristianos siendo llevados y dominados por esta mentalidad materialista y centrada en el dinero.

El bloqueo presupuestario

¿Cómo nos defendemos de estos tipos de ataques? ¿Cómo cercamos a las pirañas plásticas? ¿Cómo esquivamos el bombardeo mediático? ¿Cómo nos mantenemos firmes ante la presión del grupo? Déjame darte cuatro estrategias para luchar contra estas tentaciones comunes.

Hay un repelente que es muy eficaz, vez tras vez, con las tarifas asesinas. No se trata del insecticida marca *Raid*. Se deletrea

P-R-E-S-U-P-U-E-S-T-O. Quiero que veamos la importancia de un presupuesto, porque la Biblia dice que debemos vivir dentro de un presupuesto y seguirlo.

En primer lugar, cuando haces un presupuesto, ora al respecto con tu cónyuge. "¿Qué, quieres decirme que debo orar por mi dinero? Nunca oré por mi presupuesto." ¿Por qué debemos hacer esto? Debemos hacerlo porque todo lo que tenemos proviene de Dios, así que Dios tiene que estar involucrado en todas las decisiones que involucran nuestros recursos.

Tal vez digas: "Bueno, soy un hombre que me valgo solo, o una mujer que se vale sola". De acuerdo, déjame preguntarte algo. ¿Quién te dio esas ganas de tener éxito, quién te dio esa iniciativa y quién te dio el talento? Todo eso vino de Dios. Él es quien te bendijo con todos esos increíbles dones. Es por Su gracia y soberanía que estás donde estás. Nunca lo olvides.

Oren por sus finanzas en pareja. "Señor, ¿en qué quieres que usemos este dinero? ¿Qué deseas que hagamos? ¿Dónde quieres que pongamos límites y dónde quieres que seamos generosos?".

Además, pongan metas mutuas. Creo que hay tres aspectos en cuanto a poner metas. Pónganse de acuerdo en ahorrar algo, pongan metas para gastos y otras para dar. ¿Alguna vez hicieron eso? Varias veces al año Lisa y yo nos sentamos y creamos un presupuesto. Luego vivimos según lo establecido por ese presupuesto, y nos sentimos bien de mantenernos dentro de él, porque es algo que acordamos juntos. El proceso no siempre es fácil ni divertido, pero nos sentimos de maravilla una vez que lo atravesamos. Nos sentimos bien porque sabemos que es algo que nos beneficiará ese año y durante los demás años juntos.

Primero lo primero

¿Qué tipo de presupuesto debemos tener? Debemos vivir según el presupuesto dar-dar-vivir. Este presupuesto es bíblico. El presupuesto de dar es apartar, cada vez que te pagan, por lo menos diez por ciento para la obra de Dios. La Biblia dice que debes darlo a tu lugar local de adoración. La Biblia es muy simple en cuanto a este concepto.

Cada vez que doy un mensaje acerca del dar, veo a esos que son generosos que medio que sonríen y piensan: "Sí, así es, Ed. Estoy de acuerdo. Sigue predicando así".

Y a aquellos que dicen: "Wao, ¿otra vez hablando de dinero? ¡Voy a buscar una iglesia que no hable de dinero!".

Lo primero que le diría a esa persona es que tenga cuidado, porque cualquier iglesia que no habla de asuntos monetarios no está enseñando la Biblia. Jesús mencionó el dinero tanto como el cielo y el infierno. ¿Qué te parece? Lo segundo que le diría es que se relaje. Dios no quiere que des enfadado ni por obligación. En realidad no necesita nuestro dinero. Él es todopoderoso, y completamente autosuficiente sin nuestra ayuda.

La Biblia dice que debemos ser dadores alegres (2 Corintios 9:7). Si eres un dador alegre, Dios te cuidará y bendecirá tu vida. Puede que bendiga tu situación financiera. Puede que te bendiga con grandes amistades. Puede que te bendiga con gran salud. Dios sí promete bendecir a los dadores generosos y alegres a lo largo de las Escrituras. En Proverbios 3:9-10 nos dice: *"Honra al Señor con tus riquezas y con los primeros frutos de tus cosechas"*.

Como ves, el monto es insignificante. Si ganas un millón de dólares al mes, o tan solo 10 dólares al mes, la Biblia dice que la primera parte, la mejor parte, debe ir a Dios. ¿Por qué? ¿Necesita Dios nuestro dinero? No, Dios no lo necesita, pero él usa el dinero para probarnos, y ver si verdaderamente Él es Señor de nuestras vidas.

Cuando acumulamos nuestro dinero, les estamos mostrando a Dios y a los demás que nos creemos los amos de nuestro propio reino.

El dar te permite la gran oportunidad de involucrarte en la obra eterna que Dios está haciendo en las vidas de otras personas. Jesús dijo que donde estuviese tu tesoro estaría tu corazón (Mateo 6:21). Si tu dinero va a la obra de Dios, tu corazón le pertenece a Dios. Si tu dinero está dirigido a la compra de más y más cosas, entonces tu corazón está en las agencias de publicidad.

Podemos ver nuestros portafolios financieros, y ver qué es número uno en nuestras vidas. No se necesita mucho tiempo para darnos cuenta. ¿Son los viajes? ¿La ropa? ¿Un automóvil? ¿O es el Señor Jesucristo?

Muchas personas se preguntan por qué Dios no bendice sus finanzas o por qué Dios no les da oportunidades. ¿Por qué no hace Dios esto o lo otro? A menudo, vemos que todo comienza con su falta de generosidad; no están dando nada a la iglesia local.

Dios promete bendecir a aquellos que dan para su obra. Mira el pasaje completo de Proverbios 3:9-10. *"Honra al Señor con tus riquezas y con los primeros frutos de tus cosechas. Así tus graneros* (o apartamentos) *se llenarán a reventar* (con dinero, un trabajo nuevo) *y tus bodegas rebosarán* (buenas relaciones, salud) *de vino nuevo."* (Nota: Las frases en paréntesis son interpretaciones del autor.)

Dios habló más acerca del dar que de cualquier otro tema en la Biblia porque, cuando damos, nos convertimos más como él. La primera parte de Juan 3:16 dice: *"Porque tanto amó Dios al mundo, que dio..."* Al dar, somos conformados a la persona del mejor dador de todos.

¿Acaso padeces de alguna enfermedad que no te permite dar? Cuando te paguen, dale el primer diez por ciento a Dios. Él bendecirá tu vida, tu matrimonio y tu familia en maneras (financieras y otras) que no te puedes imaginar.

La revancha personal

Lo segundo que debemos hacer es darnos a nosotros el otro diez por ciento. Por lo tanto, damos el primer diez por ciento a Dios, y el segundo a nosotros. Por supuesto que me estoy refiriendo a la manera bíblica de ahorrar dinero.

¿Has visto alguna vez hormigas coloradas? En Texas tenemos muchas hormigas coloradas. Aquí son grandes, y están por todos lados. Las hormigas coloradas son criaturas interesantes, y tú harías bien dando simplemente un paso atrás, un gran paso atrás (si sabes a lo que me refiero), y miras a las hormigas coloradas. Considera Proverbios 6:6 de la NTV: *"Tú holgazán, aprende una lección de las hormigas. ¡Aprende de lo que hacen y hazte sabio!"*.

Las sabias hormigas coloradas buscan y guardan cosas, pero no tienen un líder, un director ejecutivo o un entrenador. El Proverbio continúa: *"A pesar de que no tienen príncipe ni gobernador ni líder que las haga trabajar, se esfuerzan todo el verano, juntando alimento para el invierno"*. En otras palabras, viven con menos de lo que juntan, y ponen el resto para un tiempo más tarde cuando salir a juntar no va a ser tan fácil.

Recientemente leí que el europeo promedio ahorra dieciséis por ciento de su ingreso anual. El hombre o mujer japonés promedio ahorra veinticinco por ciento de su ingreso anual. El americano promedio ahorra cuatro por ciento de su ingreso anual. Solo cuatro por ciento. Como americanos en una sociedad materialista, tenemos que atenuar el consumismo, y sintonizar la mentalidad del ahorro e inversión.

Mientras comienzas a ahorrar y a invertir, aprenderás el principio de la satisfacción. La Biblia dice una y otra vez que cuando vivimos a la manera de Dios, vamos a experimentar satisfacción. Tenemos que estar satisfechos con los contenidos de nuestra vida. Tenemos que decir: "Dios, quiero vivir en el margen, así que aquí está mi presupuesto. Te doy mi primer diez por ciento a ti, y el segundo diez por ciento para mi mismo". Y luego, el ochenta por ciento restante es lo que tienes para disfrutar. ¡Así que date la gran vida!

El factor de disfrutar

A Dios le encanta darte regalos a ti, y le encanta darme regalos a mí. El dinero no es la raíz de todos los males. La Biblia dice que el amor al dinero lo es. El dinero por sí mismo es neutral. La pregunta es, sin embargo, ¿eres tú el dueño de tu dinero o es el dinero el dueño tuyo?

Si el dinero es tu dueño, entonces no estás realmente disfrutándolo. El plan de Dios es que nosotros vivamos y disfrutemos del ochenta por ciento restante. ¿Lo estás disfrutando? Proverbios 21:5 nos advierte: *"Los planes bien pensados y el arduo trabajo llevan a la prosperidad, pero los atajos tomados a la carrera* (esto quiere decir las tarjetas de crédito, el comprador compulsivo, y gastar solo por presión) *conducen a la pobreza*" (NTV). El disfrutar de tu dinero requiere diligencia y habilidad para administrarlo, en vez de que él te administre a ti.

¿Has estado alguna vez en *K-Mart?* Este es uno de mis lugares favoritos para comprar aparejos para pescar. Inevitablemente, cada vez que voy a comprar a *K-Mart*, va a haber una luz azul con algo en especial. El especial de luz azul es una de las cosas divertidas y únicas de ir de comprar a *K-Mart*. Estoy comprando, mirando unos señuelos, y de repente este anunciante sale hablando por un altoparlante: "Tenemos un especial de luz azul en el pasillo dieciséis, en el pasillo dieciséis. Las batas de baño para damas están en liquidación ahora".

De todas partes de la tienda, veo a las mujeres dar vuelta a sus carritos como autos de carrera, y correr a la sección de las batas de baño. La luz azul está girando, las mujeres se mueven furiosamente para comprar batas de baño nuevas, aunque no las necesitan. Terminan llegando a la casa con catorce batas de baño, solamente porque se encontraron con el impulso de comprarlas, en un apuro. Si gastas en un apuro, esto conduce a la pobreza.

Y no pienses que la tengo contra las mujeres. Los hombres también se ven envueltos en un impulso por gastar, y, cuando lo hacen, es con frecuencia en gran escala. En vez de batas de baño, es más probable que lleguen a casa con un objeto caro como una podadora de césped tipo tractor o un televisor plasma. No hay nada de malo en comprar estas cosas si puedes pagarlo, si están dentro de tu presupuesto dar-dar-vivir. Vive con el ochenta por ciento y disfrútalo, pero vive sabiamente y con diligencia con el ingreso sobrante.

Casi todos tienen un automóvil, y cada uno de esos autos, autos deportivos, vehículos todoterreno, y camionetas tienen un medidor de combustible. ¿Qué pasaría si te digo que esta tarde vayas a tu casa, agarres un martillo, le pegues al medidor de combustible, y manejes con el medidor de combustible roto por un año?

¿Sería divertido esto? "Wao, no estoy seguro de cuánto más me queda. No estoy seguro si debería darle a fondo, aflojar el pedal, o llenar el tanque." Te quedarías sin combustible antes de que te des cuenta, porque no tendrías ni idea de cuánto combustible te quedaba en el tanque.

Esto causaría que te alteres y te frustres, diciendo palabras que no quieres decir, enojándote, pateando al perro, y gritándole a los niños. Muchos de nosotros pasamos nuestra vida entera sin un medidor de gastos, sin perímetros, sin límites, y con 129 pagos fáciles cerca de la bancarrota y la pérdida total del control.

Es mi oración que dejes que los principios de Dios diseñen tu presupuesto: dando diez por ciento, ahorrando diez por ciento, y después viviendo de y disfrutando del resto, que ellos sean el medidor en tu vida financiera. Si tomas estos principios bíblicos de los cuales Cristo habló más que sobre el cielo o el infierno y los aplicas, Dios puede y hará grandes cosas en todas las áreas de tu vida matrimonial y personal.

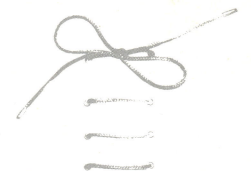

Principios de las finanzas creativas

* No dejes que las tarjetas de crédito los esclavicen a tu cónyuge y a ti. O las pagas completamente todos los meses o las destruyes.

* Ora y planea un presupuesto que te ayude a alcanzar las metas de dar, ahorrar, y gastar.

* Págale a Dios su 10%.

* Págate a ti mismo el siguiente 10% en ahorros.

* ¡Disfruta el restante 80%!

CAPÍTULO 6

PRIORIDADES CREATIVAS

Cómo mantener a tu familia centrada en los cónyuges, en vez de los hijos

La declaración fue hecha temprano una mañana en un pequeño local de café. La mamá de un niño pequeño estaba sentada en una cómoda silla hablando con otra mujer. Yo estaba sentado a unos pocos pies más lejos, ocupándome de mis cosas, estudiando y haciendo investigaciones sobre el matrimonio y la familia. Mientras tomaban el café de la mañana, estas dos mujeres estaban involucradas en un diálogo profundo.

Siempre me sorprende cómo las mujeres son capaces de compartir sus emociones y encerrarse en una conversación sin importarles quien está alrededor. Estaba sentado al lado de estas mujeres, pero puedo decirles que ellas ni se percataron de mí. Cuando la conversación se volvió sobre la crianza de los hijos, no pude evitar escucharlas. La mamá del niño pequeño estaba hablando de los desafíos de criar a los hijos, y cómo mantener un buen matrimonio con su esposo que viajaba mucho. La otra mujer, entre sorbos de café, estaba discutiendo sobre si ella y su esposo eran lo suficiente maduros como para tener niños.

Después de un rato, no aguanté más. Dije: "Discúlpenme, chicas". Y ellas se dieron vuelta y me miraron como, "¡Oh! ¿Alguien está sentado acá? ¿Alguien más está acá aparte de nosotras?". Les dije: "¿Les molestaría que les haga algunas preguntas? Estoy haciendo una investigación sobre el matrimonio y la crianza de los hijos". Ellas respondieron: "No, adelante". Mientras empecé a sondear un poco la situación particular de cada una de ellas, empezaron a abrirse y a compartir algunas de sus preocupaciones sobre el matrimonio y la familia. Después de un rato, llegó la hora de irme a la oficina, así que guardé las cosas en mi maletín y me dirigí a la puerta.

Justo cuando me estaba yendo, la mamá del niño pequeño se dio vuelta, me miró y dijo esta declaración que nunca olvidaré: "Sabes, yo creo que soy una gran mamá, pero no una gran esposa".

Mientras pensaba en esta declaración, se me ocurrió que muchos padres hoy en día harían eco de la misma frustración. Creo que muchos dirían: "Sabes, estoy haciendo bastante bien el trabajo de padre. Pero la labor de cónyuge todavía necesita mucho trabajo". En este capítulo, voy a profundizar más en esta declaración hecha por la mamá del niño pequeño en el café. Creo que es crítico que entendamos la tensión expresada en esta declaración si queremos tener el tipo de matrimonio que Dios quiere que tengamos.

Hay una importante pregunta oculta en la declaración de esta mujer. Expresando la frustración de si ella es una mejor madre que esposa, simplemente está preguntando: "¿Mi casa debería estar centrada en los niños? ¿Deberían todas las actividades, y todas las cosas y todos los horarios girar alrededor de mis hijos? ¿O debería mi familia ser centrada en el cónyuge donde el matrimonio tiene preferencia, donde el matrimonio es lo primordial? ¿Cuál pongo primero?".

Esta familia centrada en los niños es popular en la sociedad moderna americana. Este tornado comenzó a tomar forma durante los sesenta y los setenta. Después de la Segunda Guerra Mundial y del período de mayor natalidad, los bien intencionados padres modernos le dieron la espalda a la Biblia, le dieron la espalda a los consejos de sus padres, y en vez de esto, apostaron a personas como el Dr. Spock. No estoy hablando del famoso de la *Guerra de las Galaxias*. Estoy hablando del hombre famoso de la crianza permisiva.

El Dr. Spock y otros promotores de la crianza permisiva dijeron: "El hogar debe ser una institución democrática. Todos son iguales. No hay un líder real". Dijeron: "Padres, métanse dentro de los corrales de sus niños rebeldes, siéntense al estilo indio, y traten de razonar con ellos". Sonó tan de moda, con tanta buena onda, tan moderno. Y los padres liberales de todos lados adquirieron en esta filosofía, con moño y todo.

Sin embargo, hay un problema con este tipo de filosofía. No funciona. Todo lo que tienes que hacer es mirar rápidamente a los hogares, escuelas y patios de recreo en tu comunidad para descubrir que este estilo de crianza permisiva tiene algunos grandes defectos. Todo lo que tienes que hacer es ir a un restaurante con una familia centrada en los niños, y ver estos defectos de cerca. Este patrón enfocado en los niños es tentador, y yo mismo he estado metido en ese camino varias veces. Pero esto es lo que sucede cuando pones a tu hijo como centro de tu sistema solar, y todo gira alrededor de él o ella.

Digamos que una pareja joven, que está profundamente enamorada, se casa. Después tienen algunos hijos. La esposa deja de lado su prioridad número uno, ser una esposa, y se convierte en mamá. En esencia, se casa con sus hijos. Por el contrario, el esposo deja de lado su prioridad número uno, ser un esposo, y se casa con su carrera. Ahora él empieza a buscar ascensos y dinero. Para que la esposa pueda alcanzar a su esposo, ella tiene que negociar con una cantidad de responsabilidades y reuniones de trabajo. Para que el esposo pueda alcanzar a su esposa, tiene que negociar con todas las necesidades y codicias de los niños.

Las ramificaciones de este cambio de prioridades son numerosas y costosas. Empieza a ocurrir un distanciamiento en el matrimonio, mientras comienzas a perder contacto, emocional, espiritual y físico, con la persona con la que te casaste. Puede parecer que simplemente están compartiendo una casa como compañeros, en vez de estar compartiendo sus vidas en una relación de una sola carne. Tienes resentimiento, porque los niños te demandan todo tu tiempo y energía y, al mismo tiempo, tus necesidades matrimoniales básicas no están siendo cumplidas. Todo esto da lugar al enojo, y empiezan a decirse cosas explosivas e hirientes el uno al otro por la frustración. Mete a un vecino atractivo o a un compañero de trabajo en esta mezcla, y tienes un problema matrimonial muy serio.

Este tornado de un hogar enfocado en los niños ha estado ganando velocidad en las últimas décadas, y está perdiendo el control. Las familias están dando el control a hijos rebeldes, egoístas, atrevidos e irresponsables. Y, tristemente, este mismo tornado ha estado dejando a su paso matrimonio tras matrimonio roto.

Esto no es lo que Dios diseñó para la familia. Nosotros debemos amar a nuestros hijos. Queremos lo mejor para ellos. Pero debemos entender que hacer de nuestros hijos el centro del universo familiar no es lo mejor para ellos, y tampoco es lo mejor para la relación matrimonial. Desde el principio en Génesis, la obvia prioridad de las Escrituras en la unidad familiar es el matrimonio. El matrimonio debe tener la prioridad sobre cualquier relación en el hogar.

Sé que este libro es sobre el matrimonio, pero para poder ayudarte a entender por qué un hogar enfocado en el cónyuge es lo mejor para todos (incluyendo a los niños), quiero compartir contigo mi definición de la crianza de los hijos.

La crianza de los hijos es el proceso de enseñanza y entrenamiento de tus hijos para que se vayan. No saqué esta definición así del aire. Esto viene directo de los principios que se encuentran en la Palabra de Dios sobre la crianza de los hijos. Dejemos de lado esta definición, y miremos cada faceta de las responsabilidades que Dios nos dio como padres.

El elemento de enseñanza viene de Deuteronomio 6:7: *"Incúlcaselas continuamente a tus hijos* (los mandamientos de Dios). *Háblales de ellas cuando estés en tu casa y cuando vayas por el camino, cuando te acuestes y cuando te levantes"* (Frases entre paréntesis son ampliación del autor).

El versículo del entrenamiento se encuentra en Proverbios 22:6: *"Instruye al niño en el camino correcto, y aun en su vejez no lo abandonará".*

Y ahora encontramos la parte de irse bien atrás en el mismo principio en Génesis 2:24: *"Por eso el hombre deja a su padre y a su madre, y se une a su mujer, y los dos se funden en un solo ser"*.

Los hijos están supuestos a irse, y los padres están supuestos a quedarse. Por eso, el matrimonio debería estar arriba de la cadena de la familia. ¿Te has preguntado alguna vez por qué hay tantos de veinte y pico y aún de treinta y pico todavía viviendo en casa? Es porque sus familias han estado centradas en los hijos por mucho tiempo. Sintieron el caliente reflector de luz por tanto tiempo, y han estado en el papel principal por tanto tiempo, que no se quieren ir.

Los padres co-protagonistas están haciendo todo el trabajo, y las estrellas se llevan todos los premios. A los dieciocho, se dicen a sí mismos: "¡Ey, este es un buen negocio, querido! Tengo un cuarto gratis, servicio gratis de lavandería, y comidas increíbles. Y aparte, puedo trabajar, ganar un salario, y tener una cantidad de dinero para gastar". El tornado de la familia centrada en los hijos sigue arrasando.

¿Has pensado sobre el hecho de que vas a pasar aproximadamente dieciocho años con tus hijos, pero vas a pasar el resto de tu vida con tu cónyuge? No estás beneficiando a nadie al enfocarte en tus hijos para el perjuicio de tu relación matrimonial. Si no estás criando a tus hijos para que se vayan, estás perdiendo el mapa con ellos. Si no estás alimentando tu relación matrimonial, te estás alejando de la persona con quien vas a pasar el resto de tu vida. Estás enfrentando la posibilidad de pasar el resto de los años después de criar a tus hijos en una casa con una persona a quien no conoces más.

Lo voy a poner de la manera más simple que conozco. Si quieres construir un matrimonio que los satisfaga mutuamente, y ser un buen padre a la misma vez, tu relación con tu cónyuge debe venir primero. Después de todo, la Biblia compara el amor de Cristo por la Iglesia con el amor del esposo hacia la esposa. Los hijos no se mencionan aquí. Los amigos no se usan en esta comparación. Amo a los niños y sé que tú también. Pero es todo sobre el esposo y la esposa, porque todo lo demás en la casa fluye de esta prioridad bíblica.

Veamos algunas de las cosas que debemos hacer para poder tener una casa centrada en el cónyuge, porque esto es lo que Dios quiere. Para poder alcanzar este destino final para nuestros matrimonios y familias, debemos viajar a través de diferentes destinos. Si realmente queremos entender cómo cambiar nuestra familia, nuestra comunidad, y nuestra cultura, debemos seguir el mapa correcto hacia un hogar bíblico que pone a la relación matrimonial sobre nuestras relaciones con nuestros hijos.

La Villa de la Atención

El primer destino es un lugar llamado "Villa de la Atención". Déjame hacerte una pregunta: ¿Necesitan oxígeno los niños? Claro que sí. Pero si les das demasiado oxígeno, los vas a asfixiar. ¿Y qué de la atención? ¿Necesitan atención los niños? Claro que sí. Si les das demasiada atención, los asfixiarás. Las familias centradas en los niños están en la zona peligrosa de asfixiar a los niños. Este tipo de padres dirá: "A ver, ¿qué es lo que quieres? ¿Qué necesitas? No llores; aquí tienes un poco de caramelos. Aquí tienes un poco de dinero. ¿Dónde vamos a comer? Dímelo tú".

Veinticuatro horas al día, siete días a la semana, estos padres les están dando la atención máxima a sus hijos. Tal vez estás pensando: "Oh, esto es lo que yo voy a hacer con mis hijos. Eso suena bien". El problema es que la matemática matrimonial no funciona cuando tus hijos reciben todo tu tiempo, atención, y recursos emocionales. Debemos balancear la atención que les damos a nuestros hijos, con ciertos incrementos de tiempo, con la prioridad establecida en la relación matrimonial.

Lisa y yo tomamos la decisión hace varios años de tener una familia centrada en el cónyuge, y te puedo decir cómo funciona en nuestro hogar. Usualmente, yo regreso a casa a las 5:30 o 6:00 pm. Abro la puerta, saludo a los niños dándoles besos y abrazos. Después, por lo general, me dirijo a la cocina. La mayoría de las veces, Lisa y yo pasamos bastante tiempo en la cocina hablando, así que yo me doy vuelta y les digo algo así a los niños: "Por los próximos veinte o treinta minutos, no vengan a la cocina. Mamá y yo vamos a hablar. Ahora, si hay sangre corriendo, pueden venir. Si no, vayan a jugar".

Algunas veces tratan de llorar y quejarse, porque quieren mi atención. Pero yo creo que este tipo de rutina les enseña que Mami es primero para Papi, y pasar tiempo con ella es prioridad para Papi. También les enseña autonomía y responsabilidad. Les enseña cómo separar e individualizar. Les comunica de una manera real: "Ey, yo soy parte de un hogar enfocado en el cónyuge".

Hablé con un amigo muy cercano hace un tiempo sobre esta idea del matrimonio enfocado en el cónyuge. Me dijo: "Ed, ¿sabes lo que nosotros hacemos? Después de la cena, mi esposa y yo hacemos que los niños limpien. Mientras ellos hacen eso, mi esposa y yo caminamos por el vecindario, y hablamos. Invariablemente, mis hijos dicen: '¿Podemos pasar tiempo con ustedes, Mami y Papi? ¿Podemos hablar con ustedes? ¡Vamos, por favor!'". Me dijo: "Nos damos vuelta y decimos: 'No. Este es nuestro tiempo. Te amamos, pero tu Mamá y Papá necesitan pasar tiempo solos.'"

No pierdan la importancia de este primer destino. La Villa de la Atención es un lugar por el cual necesitan viajar de paso; no un lugar en el cual acampan. Nuestros hijos necesitan que nosotros pasemos cierta cantidad de tiempo allí todos los días, en balance con el tiempo que pasas con tu cónyuge. Yo estoy a favor de los niños. Me encanta pasar tiempo con mis hijos, pero debemos hacerlo de una manera planificada. No tienes que hacer una agenda militar, súper estricta, pero se deben mantener ciertos incrementos de tiempo, si quieres alcanzar el balance de un hogar enfocado en el cónyuge.

La Villa de las Buenas Noches

Hay otro destino por el cual debemos viajar de paso para poder lograr un hogar enfocado en el cónyuge, y he escrito una canción para ilustrar este lugar especial. Soy un escritor y cantante frustrado, e inventé esta canción hace varios años atrás acerca de la hora que mis cuatro hijos deben irse a dormir.

Vamos todos a la Villa de las Buenas Noches.

Ahí nos quedaremos bien quietecitos.

Es hora de ir a la Villa de las Buenas Noches.

Relajarnos y quedarnos dormiditos.

Esta canción no es tan popular alrededor de nuestro hogar, pero la Villa de las Buenas Noches es el siguiente destino al que debemos viajar diariamente. "Ed, lo entiendo. Me estás diciendo que la hora de irse a dormir es importante. Por supuesto, nuestros hijos se van a la cama todas las noches. Eso no es nada del otro mundo." Eso no significa solamente poner a nuestros hijos a dormir cuando están cansados o cuando quieren ir a la cama. Me estoy refiriendo a un horario estructurado y preestablecido de irse a dormir.

Mira a Deuteronomio 6:7 otra vez: *"Incúlcaselas continuamente a tus hijos. Háblales de ellas cuando estés en tu casa y cuando vayas por el camino, cuando te acuestes y cuando te levantes"*. Un horario de dormir estructurado es una de las maneras importantes que puedes enseñarles a tus hijos sobre Dios y Su palabra.

Establece una rutina para poner a tus hijos a dormir todas las noches. Puedes pasar tiempo leyendo historias de la Biblia y orando. Asegúrate de que se entienda que después de eso, las luces se apagan. Y aquí está el truco. Este tiempo establecido no es para el beneficio de ellos, sino para tu beneficio. No los acuestes cuando ellos estén listos. Acuéstalos cuando tú estés listo. Toma un paso atrás y pregunta: "A ver, ¿cuánto tiempo necesitamos", estoy hablando de tu cónyuge y de ti, "para conectarnos esta noche? ¿Cuánto tiempo nos llevará?". Luego haz la matemática.

Cuando nuestras mellizas tenían cinco años y nuestro hijo tenía ocho, Lisa y yo los poníamos en la cama alrededor de las 7:30 y las 7:45. Esto puede sonar bastante temprano para ti, podrían haberse quedado más tarde que eso, pero establecimos este tiempo para nuestro beneficio, no el de ellos. Cuando crecieron más, reevaluamos su hora de irse a dormir, y los dejamos quedarse despiertos un poco más. Aunque están más grandes, todavía necesitan ese tiempo estructurado para descansar, y nosotros todavía necesitamos pasar esos tiempos juntos por las noches como esposa y esposo.

"Bien, Ed, tú no entiendes. Tengo un adolescente." Y yo también. A nuestra adolescente le decimos: "LeeBeth, te puedes quedar despierta hasta las 10:00 o 10:15, pero a las 9:00 queremos que te metas en tu cuarto, y te quedes ahí hasta la hora de dormir". Y les muestra, una vez más, la prioridad de una familia centrada en el cónyuge. Les dice que Mamá y Papá tienen algo especial entre ellos. Es muy tentador dejar que tu adolescente maneje su propia agenda, pero tú necesitas mantener el control mientras le das un poco de libertad y flexibilidad.

Digamos que ya hiciste esto. Has cometido varios errores en la navegación, pero finalmente llegaste a la Villa de las Buenas Noches. Yo sé que esto no es algo fácil de lograr, así que debes felicitarte por haber llegado a esta importante meta familiar. Digamos que tus hijos están en la cama, tu adolescente está invisible en su cuarto, y tu cónyuge y tú están solos juntos. Aún con los niños en la cama y sin distracciones, algo puede estar impidiendo que puedas maximizar este exclusivo tiempo juntos. Muchos matrimonios han contraído un virus que les impide a varios hogares enfocarse en el cónyuge.

¿Te acuerdas del famoso virus *Love Bug* (el virus del amor) que atacó a las computadoras en todo el mundo hace varios años atrás? La primera página del *USA Today* reportó: "El *FBI* busca el origen del virus *Love Bug*. El daño de este virus por correo electrónico trasciende los Estados Unidos y el mundo entero. Una búsqueda mundial ha comenzado para encontrar el origen del virus *Love Bug* que obstruyó sistemas de correo electrónico este jueves desde Asia hasta California". Bien, hay otro virus que es peor que el virus *Love Bug*. Es el virus del Amor Matrimonial (*Love Bug*), y también está afectando hogares desde Asia hasta California.

Así es como funciona. Sucede cuando estás solo, como esposo y esposa, después que los hijos se han ido a la Villa de las Buenas Noches. Finalmente tienes un poco de tiempo libre, un poco de tiempo tranquilo, así que decides hacer algunas llamadas por teléfono. Esta es una de las maneras más grandes que el virus del Amor Matrimonial puede atacar tu casa. Mantén tus llamadas al mínimo durante este tiempo. Así puedes concentrarte en conectarte con tu cónyuge. Lisa y yo tomamos un receso varias noches a la semana, apagando nuestros teléfonos, y dejando que las llamadas vayan directo al correo de voz. Apágalo. Es algo muy bueno. No estoy diciendo que nunca hables por teléfono, pero tienes que mantener un balance realista.

Otra cosa que causa este virus y echa todo a perder son las tareas del hogar y el trabajo de oficina que se hace en casa. "Finalmente, los niños están en la cama. Tengo un tiempo tranquilo para ir al escritorio y terminar ese proyecto, o preparar el mensaje para el próximo fin de semana." O, "Finalmente puedo terminar de sacar el polvo o limpiar la cocina o lavar los pisos." De vez en cuando hay algunas excepciones, pero en la mayoría de los casos no debes usar este tiempo de calidad para terminar los quehaceres de la casa o trabajar. Si lo haces, pon un tiempo límite. Haz un acuerdo con tu cónyuge que cada uno va a pasar una hora haciendo algún trabajo, y luego dediquen el resto de la noche a estar juntos.

La próxima manera en la que el virus del Amor Matrimonial se mete en tu casa es el problema más grande. Este virus puede contaminar tu matrimonio a través de un pequeño aparato llamado control remoto. Muchas, muchas parejas pasan la noche con el control del televisor, mientras piensan que están pasando tiempo juntos. "Estamos mirando televisión juntos, Ed. Eso es lo que hacemos. Mirar la televisión juntos es nuestro pasatiempo favorito." Seamos honestos. Cuando miramos la televisión, no nos importa lo que nuestro cónyuge está haciendo. No estamos haciendo nada realmente para conectarnos con él o con ella. Estamos simplemente con la serie, la película o las noticias.

Mirar un poco de televisión está bien, pero, por lo general, es una montaña de basura. Algo poderoso ocurre cuando le das la prioridad a tu cónyuge en vez de al televisor. Una vez que empiezas a prevenir seriamente la entrada del virus del Amor limitando el tiempo que miras la televisión, empezarás a hacer un serio contacto visual con tu cónyuge. De repente, especialmente si eres hombre, te encontrarás hablando con tu compañera en oraciones completas. Muchachos, imagínense las posibilidades; ¡no se sabe a dónde estas oraciones completas pueden guiarnos! Ya puedo escuchar las excusas. "Oh no, yo no puedo pasar una noche sin mirar las noticias de *Fox* o de deportes." Sí puedes. Confía en mí; después me lo agradecerás.

Mientras consideras la importancia de la Villa de la Atención y la Villa de las Buenas Noches, consideremos las palabras de 1 de Corintios 14:40: *"Pero todo debe hacerse de una manera apropiada y con orden"*. Tienes que comprometerte a un tiempo regular y programado con tu cónyuge, o no va a suceder. Si no eres proactivo en esto, los niños van a competir por tu atención, el virus del Amor Matrimonial picará, y un día descubrirás que te has apartado.

La Villa de la Cita

Viajemos hacia otra localidad, la Villa de la Cita. He estado hablando sobre este destino en particular por varios años, y me encontrarás martillando este concepto una y otra vez en todo este libro. Yo animo a las parejas a que tengan una cita por lo menos dos veces al mes. Me refiero a una cita en la que tu cónyuge y tú salen solos.

Cuando tengo la oportunidad de hablar en todo el país a líderes o pastores, generalmente durante el momento de P-y-R me hacen una pregunta así: "Ed, cuéntame sobre tu vida personal. ¿Qué es lo más importante en tu familia?". Y siempre digo: "Sin preguntar, lo más importante en mi familia es mi noche de cita con Lisa". Diez años atrás, pusimos una noche de cita en nuestros horarios, y ha revolucionado nuestra conexión. Muchas veces es como un oasis en medio de la semana. ¡Es lo más grande que hemos hecho por nuestro matrimonio!

Durante un momento en particular muy ocupado de nuestras vidas, Lisa y yo pasamos como cuatro semanas sin una noche de cita. Yo estaba teniendo algunas charlas, y los dos estábamos viajando. Pudimos notar que el distanciamiento matrimonial estaba comenzando a ocurrir. Si no estás teniendo una noche de cita regular y estratégicamente, comienza esta rutina ahora, esta misma semana.

Se que tal vez estás pensando: "¡Sí, eso suena muy bien, Ed! Suena bien en teoría, ¿pero qué del mundo real?". Yo puedo ser testigo del hecho de que no es solo una buena teoría; puede ser un hecho. No dejes de hacerlo. Contrata una niñera. Ten una niñera solo para cierta noche, o cierto día. Si no quieres hacer esto, intercambia con algún amigo. La cita no tiene que ser en la noche. Un buen amigo mío tiene "citas en el día" con su esposa. Él tiene un día libre a mitad de semana, así que desayunan y almuerzan juntos, y pasan tiempo juntos durante el día. Mira qué es lo que mejor funciona con tus horarios, y luego sé creativo para que tu cita encaje en este.

Tengo que reírme, realmente lo hago, cuando los padres dan excusas como estas: "Sabes, nos encantaría tener una cita por la noche, realmente nos encantaría. Pero lo que pasa es que nuestros hijos no tolerarían una niñera. Ellos patalean, lloran y hacen un berrinche. Y sabes que Ed, por esa razón, nos encantaría ir a *Fellowship Church* todos los fines de semana, pero a ellos no les gusta cuando los dejamos en la guardería, en el preescolar o en la escuela bíblica infantil.

Estos padres tal vez no se dan cuenta, pero lo que realmente están diciendo es: "¡Ey, nosotros no conducimos el *show*! ¡Nuestros hijos lo hacen! Nosotros nos enfocamos en los niños. Ellos gobiernan. Ellos reinan. Ellos son las estrellas, nosotros somos los co-protagonistas. Oh, lo que tú quieras, amor. ¡Oh, no llores!". Por favor, es bueno que los dejemos llorar a veces. Es bueno dejarlos de vez en cuando. Les enseña separación. Les enseña sobre la prioridad del matrimonio. Les enseña que Mami y Papi siempre vuelven. Esto es algo saludable.

Déjeme darles algo más; este es un crédito extra. Padres, les desafío a que no permitan que sus hijos duerman con ustedes. No lo hagan. Ahora, si hay un bebé en un moisés, en el mismo cuarto, está bien. Si el niño ha pasado por alguna situación traumática o ha tenido una pesadilla, entonces de vez en cuando está bien si duerme con ustedes. Creo que están cometiendo un error si permiten que esto ocurra todas las noches.

Cuando tienes una familia, el primer paso para una gran vida sexual es establecer límites a nuestros hijos: "Este es un lugar especial que Mamá y Papá tienen. Esta es nuestra cama. Tu cuarto está ahí al final del pasillo, así que tú duermes ahí". Cuando comienzas a enseñarles la importancia de la separación en la casa, esto les ayuda a los niños cuando los dejas en la guardería, o en la escuela bíblica infantil, o en el campamento, o con la abuela y el abuelo. De vez en cuando vas a tener que pelear algunas batallas, pero vale la pena. Este es un crédito extra, tipo un pequeño paseíto fuera de la Villa de la Cita.

La Villa de la Actividad

Si comienzas a sentir un poco de culpabilidad a esta altura, el próximo punto va a incrementarla aún más. Tal vez te pongas a la defensiva, o sientas que me entrometo. "Nadie va a decirme cómo criar a mis hijos. No puedo creer las cosas que escribió sobre la Villa de la Atención, la Villa de las Buenas Noches, y la Villa de la Cita."

Hace mucho tiempo aprendí algo sobre mí. Cada vez que un hombre o una mujer enseñan sobre la Biblia, y el Espíritu Santo me condena por algo, por lo general tengo esa misma reacción. Digo: "Nadie va a hablarme a mí de esa manera. Esa persona no tiene derecho a decirme qué es lo que debo hacer. Y usualmente, cuando tengo ese tipo de reacción impulsiva, significa: "Ed, necesitas hacer algunos cambios". Así que, aquí vamos a uno de los destinos más difíciles.

El siguiente destino por el cual debemos atravesar es la Villa de la Actividad. Estamos quemando a nuestros niños de distintas formas con el fútbol, el baloncesto, la práctica de porrista, clases de canto, danza y arte. Estoy a favor de las actividades extracurriculares. Estoy a favor del atletismo. Valoro el arte y la danza, y todas esas cosas buenas. No hay nada malo en que nuestros hijos estén involucrados en actividades competitivas. Estoy a favor de todas estas cosas, pero la clave está en el balance.

Hace un tiempo, mi esposa y yo tuvimos una cena con un atleta profesional de muchas destrezas y conocido mundialmente. Cuando estábamos comiendo el plato de entrada, este hombre miró a Lisa y a mí y dijo: "Saben, yo nunca dejaré que mis hijos jueguen actividades deportivas o se involucren demasiado en actividades extracurriculares. Yo quiero que ellos disfruten ser niños". Ahora, no sé si yo iría tan lejos. Tal restricción es probablemente un poco extrema, y puede ser resultado de algunas experiencias negativas durante su niñez. Pero verdaderamente entendí lo que estaba queriendo decir. Necesitamos permitir que nuestros hijos sean niños, y sobrecargarlos puede alejarlos de poder experimentar despreocupación en la niñez.

Yo creo que es bueno que los niños jueguen en ligas hasta cierto punto. Entre la edades de seis y once, sin embargo, tenemos que tener cuidado de no empujarlos demasiado lejos, demasiado rápido. Hazte la siguiente pregunta: ¿Por qué quiero que mi hijo juegue o esté involucrado en esta actividad? ¿Es porque tú eres un AF: Americano Frustrado? Hay un poco de AF en cada uno de nosotros. "Sabes, si yo no me hubiera lastimado la rodilla, probablemente ahora estaría en la *NFL*." No, no lo estarías. Enfrentemos la realidad, ¿de acuerdo? ¡No estás en la *NFL* porque no eras lo suficiente bueno! "Bueno, si mi profesora no hubiera sido tan presumida, y si me hubiera elegido a mí en vez de Heather, yo sería como Celine Dion." Perdóname que arruine tu espectáculo vocal, pero no, no serías Celine.

El problema con las actividades atléticas de los niños es que los adultos ponen las ligas arriba, los adultos ponen los horarios, y lo que encuentras es que los niños juegan para la aprobación de los padres. Mira el fútbol, por ejemplo. ¿Has ido alguna vez a un juego de una pequeña liga de fútbol? Durante un partido de fútbol, mi hijo era el arquero. E.J. estaba teniendo problemas en concentrarse durante varios momentos del partido, que es algo que les pasa mucho a los niños, especialmente cuando toda la acción está en la otra punta de la cancha.

Él estaba ahí solo, saltando la cuerda, mirando las flores y arrancando un poco de pasto. Mientras tanto, yo estaba al lado de la línea gritando: "¡EJ, métete en el partido! ¡Presta atención!". Y después pensé: "¿Qué estoy haciendo? Él simplemente es un niño que está haciendo las cosas que un niño pequeño hace". Necesitamos mantener el balance y sacarles la presión a estos niños de tener que competir y actuar constantemente.

No me malinterpretes pensando: "Bien, Ed dijo que nuestros hijos nunca deberían practicar deportes o involucrarse en actividades". No estoy diciendo eso. Tiene que ser tu decisión ante Dios. En Mateo 6:33, Jesús dijo: *"Más bien, busquen primeramente el reino de Dios y su justicia, y todas estas cosas les serán añadidas".*

¿Eres una familia Mateo 6:33? ¿Puedes mantener el mismo ritmo que estás manteniendo con toda la lista de actividades y deportes, y todavía ser una familia Mateo 6:33? Este es el balance que necesitamos lograr mientras pasamos por la Villa de la Actividad. No puedo hacer la decisión por ti. Tú la tienes que hacer por ti mismo.

Todo el tiempo escucho esto de los padres: "Ah, sí, nos encanta la iglesia. Queremos desarrollar nuestro matrimonio. Queremos desarrollar nuestra relación con Cristo y ser una familia Mateo 6:33. Pero nuestros hijos no pueden ir al programa de adolescentes en la iglesia porque tienen práctica de fútbol todos los fines de semana. No pueden involucrarse en el campamento de niños, en el viaje misionero de los jóvenes, porque ya tienen un torneo al que asistir".

Tú tienes que tomar la decisión por tu familia para establecer el balance. En el momento que las actividades empiezan a invadir tu desarrollo como esposo y esposa, y especialmente tu relación con la iglesia local, tú sabes que es momento de tomar el próximo tren para irte de la Villa de la Actividad.

¿Recuerdas la frase de la mamá del niño pequeño? "Yo soy una buena madre, pero no una gran esposa." Si esta frase es una realidad para ti, si resuena en ti, necesitas viajar satisfactoriamente por todos estos destinos: Villa de la Atención, Villa de las Buenas Noches, Villa de la Cita, y Villa de la Actividad. Por el otro lado, tal vez puedes decir: "Ed, ¿sabes qué? Yo realmente creo que tengo un hogar centrado en el cónyuge". Si es así, realmente espero que uses este capítulo como un repaso para mantener el balance en tu hogar. Yo sé que ha sido un gran curso de actualización para mí. Las presiones de la familia son constantes. Necesitamos pelear por nuestra familia evaluando constantemente nuestros compromisos, con nuestra prioridad de ser una familia Mateo 6:33. Cuando tomamos la decisión de seguir el mapa correcto hacia el destino correcto, podemos esperar llegar al destino final de un hogar lleno de amor y centrado en el cónyuge.

Examen creativo de balance de prioridades familiares

El siguiente cuestionario está diseñado para ayudarte a evaluar, de una manera práctica, cómo estás balanceando las prioridades del matrimonio y la familia. Responde cada pregunta de la manera más honesta y exacta, encerrando en un círculo el número apropiado (1-Nunca, 2-A Veces, o 3-Siempre). Luego suma todos los números encerrados para lograr tu puntaje. Una explicación de los puntajes está incluida al final del cuestionario.

1. ¿Tienes una cita con tu cónyuge por lo menos dos veces al mes?

Nunca	A veces	Siempre
1	2	3

2. ¿Tienen una cena con toda la familia alrededor de la mesa por lo menos tres veces a la semana?

Nunca	A veces	Siempre
1	2	3

3. ¿Duermen tus niños en sus propias camas (no la tuya)?

Nunca	A veces	Siempre
1	2	3

4. ¿Tienen tu cónyuge y tú un TMC (Tocar, Mirar, Conversar) diariamente?

Nunca	A veces	Siempre
1	2	3

5. ¿Te vas de viaje solo con tu cónyuge un fin de semana (sin los niños) por lo menos dos veces al año?

Nunca	A veces	Siempre
1	2	3

6. ¿Tienes intimidad sexual con tu cónyuge por lo menos dos veces a la semana?

Nunca	A veces	Siempre
1	2	3

7. ¿Presentan tu cónyuge y tú un frente unido cuando tus hijos cuestionan tu autoridad?

Nunca	A veces	Siempre
1	2	3

8. ¿Tienen un horario fijado para que tus niños/adolescentes se vayan a dormir, que es impuesto consistentemente?

Nunca	A veces	Siempre
1	2	3

9. ¿Evalúan regularmente sus calendarios para prevenir AEC-itis (demasiadas Actividades Extracurriculares)?

Nunca	A veces	Siempre
1	2	3

10. ¿Es ir a la iglesia (adoración/enseñanza apropiada a la edad) una prioridad para ustedes y sus hijos?

Nunca	A veces	Siempre
1	2	3

Puntaje Final:

Si sacaste entre 10-17, tu matrimonio y familia están bastante fuera de balance. Aunque puede que tengas buenas intenciones, tus prioridades necesitan una gran afinación.

Si sacaste entre 18-24, estás un poco fuera de balance. Como una pareja casada y como padres, necesitas afinar tus prioridades basándote en los principios de este capítulo y de todo este libro.

Si sacaste entre 25-30, tú deberías haber escrito este capítulo en vez de mí. Tienes una familia balanceada. Continúa desafiándote a seguir el diseño de Dios para tu familia y para ti.

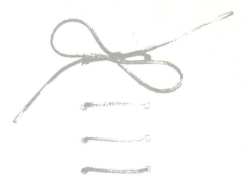

PRINCIPIOS BÁSICOS DE LAS

PRIORIDADES CREATIVAS

- El matrimonio es la prioridad principal de Dios en la familia. Un gran matrimonio es el mejor regalo que tú puedes darle a tus hijos.

- La crianza de los hijos es el proceso de enseñar y entrenar a tus hijos para que dejen tu casa, encuentren un cónyuge, y formen su propia familia.

- Es posible que asfixiemos a nuestros hijos con demasiada atención. La atención que les damos a ellos debe tener un balance con la prioridad del matrimonio en el hogar.

- Una "noche de cita" por semana o dos veces al mes revolucionarán tu matrimonio y tu familia.

- Agenda por lo menos una noche entera libre para pasar tiempo en familia, y por los menos 3 comidas alrededor de la mesa cada semana.

✦   Todas las temporadas, evalúa las actividades extracurricu-
    lares (AEC) de tu familia, y asegúrate que estas no están
    invadiendo la principal prioridad de tu matrimonio, o tu co-
    nexión familiar con la iglesia local. Trata de limitar a cada
    hijo con una AEC por temporada.

CAPÍTULO 7

ARMONÍA CREATIVA

Cómo volver a formar tu matrimonio y familia después del divorcio

Es increíble darse cuenta que solo como un tercio de los hogares en nuestro país reflejan el núcleo tradicional de unidad familiar. Los hogares de Ozzie y Harriet, June y Ward Cleaver están en decadencia, queriendo decir que la mayoría de las familia americanas son padres solos o familias mezcladas. Por esta mayoría abrumadora, me sentí obligado a incluir en este libro un capítulo sobre los problemas delicados, pero bien reales del divorcio, segundas nupcias y la familia mezclada.

Antes de desarrollar sobre los desafíos para recrear la armonía matrimonial y familiar después del divorcio, quiero ir bien atrás al principio, y mirar el modelo de Dios para el matrimonio. No importa si te estás casando por primera vez o estás en el proceso de casarte otra vez, tienes que entender que el propósito original de Dios fue que un hombre y una mujer se unan en un pacto matrimonial.

Después que veamos el modelo de Dios para el matrimonio, vamos a hablar de los permisos de Dios para el divorcio. La gente me pregunta todo el tiempo: "Ed, ¿qué dice la Biblia sobre el divorcio? ¿Cuándo es bíblicamente correcto divorciarse?". Así que también voy a responder a esas preguntas en este capítulo. Quiero asegurarte en este mismo momento que si estás divorciado, hay esperanza para ti. Dios es un Dios de segundas oportunidades, y esto incluye el volverte a casar.

Finalmente, luego de considerar los fundamentos bíblicos para el divorcio, nos enfocaremos en el último tramo echando un vistazo a las luchas de tratar de comenzar otra vez. ¿Cómo sabes cuando es el momento de volverte a casar? ¿Qué tienes que tomar en cuenta cuando consideras tener otra pareja? ¿Cómo puedes lograr una nueva familia armoniosa de tantas partes disonantes? El término "familia mezclada" es algo poco apropiado, porque la familia mezclada no es para nada algo mezclado al principio. Es mi intención mostrarte que hay esperanza para ti de poder experimentar armonía y unidad en tu nueva relación, mientras fundamentas tu nuevo matrimonio y familia en los caminos del Señor.

El modelo de Dios para el matrimonio

Mientras consideramos el diseño de Dios para el matrimonio, ¿qué mejor lugar para comenzar que en Génesis 2:24? Todo este concepto está resumido en un pequeño paquete prolijo: *"Por eso el hombre deja a su padre y a su madre, y se une a su mujer, y los dos se funden en un solo ser".* A primera vista vas a pensar que la relación más cercana en el planeta es la relación de sangre, una relación padre-hijo. Pero este no es el caso, porque Dios dice en

Su palabra que algo poderoso y magnético resultará cuando un hombre ama a una mujer.

Un hombre y una mujer, no te pierdas esto, van a dejar la cercana relación de sangre con su padre y su madre, y se van a juntar en algo que Dios llama "matrimonio". Y luego, Dios nos dice, una relación de una sola carne ocurrirá. El término hebreo para "una sola carne" significa estar derretidos juntos, estar unidos inseparablemente. Lo que antes eran dos partes completamente separadas se volvieron un componente unificado. No puedes separar estas partes.

Piensa sobre lo que pasa cuando mezclas plasticina verde y amarilla. No importa cómo trates de separar los dos colores, la plasticina verde siempre será parte de la amarilla, y viceversa. Esto es lo que pasa cuando la gente se une en matrimonio. Dios dice que habrá tanta confianza, amor, vulnerabilidad y compromiso en esta relación de una sola carne que va a ser la relación humana más grande en el mundo.

Ahora dejemos que nuestras mentes vaguen un poco más atrás al jardín. Adán y Eva tenían un gran matrimonio. Como todo lo demás en la creación de Dios, fue creado perfecto. Esto es, antes que el pecado entrara al mundo. Adán y Eva eran sensibles el uno al otro, y a Dios. Tenían corazones tiernos. Cuando Dios decía: "Adán, cuida a los animales", él respondía: "Sí, Señor. Te amo, Señor". Él era obediente y disfrutaba de una relación íntima con su Creador. Cuando Dios dijo: "Adán, cuida a Eva" y "Eva, satisface las necesidades de Adán", ellos los hacían. Todo estaba fluyendo perfectamente en esta relación diseñada por Dios.

Algo sucedió que destruyó este ambiente prístino. Adán fue hecho como una criatura a la imagen de Dios con una libertad de elección y él eligió rebelarse contra Dios. Él dijo: "Dios, yo voy a preparar mi propio camino. Dios, yo voy a forjar mi propio futuro. Voy a comer la fruta de este árbol. Yo no estoy tan preocupado por esta regla tonta". En el momento que él hizo eso, él cambió su corazón tierno por un corazón de concreto. Y por el pecado de Adán, todos hemos heredado el mismo corazón de concreto y espíritu rebelde. En resumen, vivimos para nosotros y en contra de Dios.

¿Te acuerdas de cuando salías con tu cónyuge? Piensa en ese tiempo por un momento. Cuando salías con tu cónyuge, te apuesto a que eras bastante sensible con él o ella. Yo sé que Lisa y yo éramos sensibles. Teníamos esos apodos especiales. Lisa me llamaba "Calabaza". Yo la llamaba "Princesa". Nuestra canción favorita era *Get Closer* (*Acércate más*) de Seals y Croft. Wao, esto es un gran salto al pasado, ¿verdad? Cuando pasaba algo que dañaba la relación, aún un pequeño malentendido, nos arreglábamos bien rápido: "Oh, amor, lo siento. ¿Te lastimé?". Tienes un corazón tierno, ¿verdad? Lo último que quieres hacer es echarle tierra a la relación. Todo estaba fluyendo, creciendo y caminando.

Luego te casaste, y las cosas comenzaron a cambiar.

Consideremos a una típica pareja americana. Por el propósito de esta ilustración, llamaremos al esposo Cal Concreto, y a la esposa, Kim Concreto. Esta pareja típica decide casarse. Tienen una hermosa ceremonia, y se van a una luna de miel increíble y romántica. Luego de la luna de miel los meses pasan, tal vez los años, y comienzan a seguir un modelo. Una cosa insignificante sucede un día, y comienzan un pequeño argumento, una pelea, pero realmente no se reconcilian. Después de un tiempo, los pequeños argumentos como este, crecen y la tensión crece despacio, pero crece. Un día, todo explota en tu cara. Cal y Kim tienen una gran pelea con años de cargas sin resolver. Se dicen cosas feas y lamentables.

Cal y Kim se han distanciado por el pecado de no resolver el conflicto en su relación. Una vez que esta grieta aparece, el enemigo comienza a agrandar la grieta hasta que se convierte en un gran abismo. El enemigo salta a la cabina de un camión gigante de cemento, retrocede el camión de cemento hasta Cal Concrete, y deposita una carga de cemento en su espíritu, causando que él desarrolle un corazón de concreto. Cal se transformó de ser una persona con un corazón tierno y sensible a ser una persona con un corazón duro. Él cruzó los brazos de forma desafiante y dijo: "Si ella se piensa que yo voy a volver con ella, a esa mujer le espera otra cosa. Estoy esperando que ella pida perdón por todas las cosas que hizo para arruinar el matrimonio. No me importa lo que la Biblia dice sobre tomar la iniciativa. Es su culpa, así que es ella la que tiene que solucionarlo".

En el mismo momento en que esto está sucediendo, el enemigo detiene el camión de cemento, y deposita una carga de cemento en el espíritu de Kim. Ahora ella también está cargada con un corazón de concreto, y dice algo similar a lo que su esposo dijo. El enemigo no es el único que está trabajando. Mientras este abismo se está formando entre Cal y Kim Concreto, el Espíritu Santo está peleando su propia batalla. Está susurrando: "Ey muchachos, se olvidaron de Efesios 4:32. *Sean bondadosos y compasivos unos con otros, y perdónense mutuamente, así como Dios los perdonó a ustedes en Cristo.* Déjenme ablandar sus corazones el uno para con el otro dándoles el poder del perdón y la reconciliación".

Cal escoge ignorar la voz suave del Espíritu Santo, y un día, ve a una chica atractiva en el trabajo. Se dice a sí mismo: "Sabes, te apuesto a que ella es sensible. Luce mejor que mi esposa, y te puedo decir que es dulce". Un cariño emocional se empieza a formar, y luego una relación física se desarrolla: el adulterio. Él está enredado en una aventura extramatrimonial. Por causa de un débil intento, o de ningún intento de reconciliación, el esposo se convierte en otra estadística. Y lo mismo es muy posible que ocurra con Kim. Ella ve a un hombre, se envuelve emocionalmente con él, y se mete en el camino del adulterio y del divorcio.

El enemigo alimenta a Cal y a Kim con mentiras. "Hey, ve por la relación. ¡Te sentirás satisfecho con ella! ¿Quieres ser feliz, verdad? Deja que ella llene tus necesidades emocionales. Ella es la persona con la cual tú deberías haber estado desde el principio." Sin embargo, el Espíritu Santo sigue susurrando: "Recuerden, la relación entre un esposo y una esposa es una imagen de la relación de Cristo con la iglesia". Y sigue y sigue, para adelante y para atrás.

La historia de esta típica familia americana suena familiar, ¿no es cierto? Suena tan cortante y tan real, porque sucede todos los días. Dios sabe que nosotros no vivimos en una utopía espiritual. Él sabe que no vivimos en un mundo perfecto. Dios sabe muy bien de nuestra predisposición de desarrollar un corazón de concreto, y Él sabe que vamos a estropear y a cometer errores en el matrimonio. Pero aún en medio de esos errores, de esos episodios insensibles, el modelo de Dios es un hombre, una mujer unidos para siempre en matrimonio. Él ha provisto las herramientas espirituales a través del Espíritu Santo para trabajar con esos desastres matrimoniales, y experimentar la reconciliación. Hemos estado hablando de todas esas herramientas a lo largo de las páginas de este libro. Sin embargo, a veces esos errores son tan atroces que la reconciliación parece imposible, y sentimos que solo tenemos una opción: el divorcio.

Los permisos de Dios para el divorcio

Dios lo dijo muy claro en Malaquías 2:16: *"Yo aborrezco el divorcio"*. Sin embargo, las Escrituras tienen ciertas aprobaciones para el divorcio. El modelo es un hombre, una mujer, pero voy a compartir contigo tres fundamentos bíblicos en cuanto al divorcio. Te doy estos tres fundamentos con precaución, y solamente luego de haber pasado muchísimas horas investigando, discutiendo con teólogos, pastores, líderes y eruditos en mis más de veinte años de ministerio. Debo advertirte que no mires a estos tres fundamentos como una salida, como una cláusula de escape al pacto matrimonial. No hay ninguna letra chica en este pacto matrimonial. "Oh cielos, por fin tengo una razón para dejar a esta persona."

Primero que nada, Dios dice que necesitas buscar una solución, no una salida. Hay tantas personas que hoy en día están listas para tirar el compromiso como una bolsa de basura. Tiran la confianza y tiran el amor, preguntándose: "¿Qué hay aquí para mí?", mientras saltan de una relación a otra.

Sin embargo, cuando la consejería cristiana ha sido usada, cuando las oraciones y el trabajo duro se han agotado, Dios ha dado tres fundamentos para el divorcio bíblico y las segundas nupcias, así que echemos un vistazo a estos. El primer permiso de Dios se encuentra en 2 Corintios 5:17. Yo creo que este pasaje indica que podemos volver a casarnos cuando el divorcio ha ocurrido antes de tener una relación personal con Jesucristo. Dios nos dice: "Por lo tanto, si alguno está en Cristo, es una nueva creación (con la excepción del divorcio)". ¿Es esto lo que dice? No. Él dice: "*Por lo tanto, si alguno está en Cristo, es una nueva creación. ¡Lo viejo ha pasado,* (esto quiere decir el divorcio, esto quiere decir el tráfico de drogas, esto quiere decir el comportamiento ilícito, esto quiere decir cualquier pecado que venga a nuestra mente), *ha llegado ya lo nuevo!*".

La palabra "nuevo" aquí en el lenguaje original quiere decir nuevo en forma y calidad. Así que, si me he divorciado antes de mi salvación, antes de mi relación personal con Jesucristo, la Biblia dice que soy libre para casarme de vuelta, comenzar de nuevo como una nueva persona en Cristo, siempre y cuando el nuevo matrimonio es con otro creyente (Vea 2 Corintios 6:14).

El segundo permiso que Él da (se encuentra en Mateo 19:9) es cuando hay inmoralidad sexual o infidelidad matrimonial. Cristo está hablando específicamente sobre el adulterio (que también incluye la conducta homosexual) en este pasaje.

Los hombres en los días de Jesús se estaban divorciando de sus esposas por razones ridículas, porque el pelo era demasiado largo, porque tenía mal aliento, porque estaba gorda, y más. Se estaban divorciando, de derecha a izquierda, por razones ilegítimas. Jesús va directo al grano: "*Les digo que, excepto en caso de infidelidad conyugal, el que se divorcia de su esposa, y se casa con otra, comete adulterio.*"

Yo no creo que Jesús estaba diciendo, ni que estuviera insinuando, que una relación de una sola noche sea automáticamente una causa para el divorcio. La Biblia ciertamente no aprueba este tipo de comportamiento, pero yo sé de muchos, pero muchos matrimonios que han sobrevivido a una aventura de una sola vez, y hoy les va de maravilla por la gracia y la misericordia de Dios. Si hay un patrón de infidelidades, este es uno de los fundamentos bíblicos para el divorcio.

El tercer permiso que Dios nos da es en el caso del abandono por parte de un no creyente. Encontramos el apoyo bíblico de este permiso en 1 Corintios 7:15: *"Sin embargo, si el cónyuge no creyente decide separarse, no se lo impidan".* Un hombre o una mujer creyente no está atado o atada a su cónyuge no creyente en tales circunstancias. Dios nos ha llamado a vivir en paz. Si un creyente está casado con un no creyente, él o ella tienen que vivir su fe de una manera tranquila, reverente y santa. Pero si el no creyente abandona al creyente, el creyente está libre para volver a casarse.

Yo creo que también se puede decir que este permiso particular puede aplicarse a situaciones de abuso sexual o físico de un cónyuge o hijos. En cierto sentido, el cónyuge abusivo (sea cristiano o no) ha abandonado espiritualmente a su familia poniéndolos en peligro con un patrón de comportamiento anormal que es ilegal e inmoral. Yo hasta cuestionaría si esta persona puede ser verdaderamente un creyente en Cristo, si realmente profesa ser uno. Aunque el abuso, o cualquier otra actividad criminal no es dada como una razón explícita para el divorcio, parece ser implícita con esta amplia concesión de abandono.

¿Y ahora qué?

Una noche, un amigo muy cercano del humorista y escritor satírico, W.C. Fields, entró al vestidor de este, y encontró a W.C. leyendo la Biblia. Ahora, tienes que entender algo de W.C. Fields si no lo conoces. Él era conocido por ser un salvaje, mujeriego, borracho, y un artista con una lengua venenosa. En resumen, era un inmoral. Sin embargo, aquí W.C. estaba sentado en su silla frente al espejo leyendo la Biblia. Cuando vio a Fields pasando las hojas de las Escrituras, este amigo estaba en *shock*. Le dijo: "W.C., ¿qué pasó? ¿Por qué tú, entre todas las personas, estás leyendo la Biblia?". W.C. Fields le respondió en su clásico estilo y con esa voz única: "Solo estoy buscando fallas. Buscando fallas".

Muchos de nosotros leemos la Biblia y buscamos fallas. "Oh, hay una salida. Qué bien, puedo divorciarme de ella, puedo divorciarme de él, y seguir por el camino de rosas." No hay ningún camino de rosas después del divorcio. Créeme, yo he visto muchos matrimonios destrozados, y el camino que tienen que seguir los que salen de una relación rota es difícil y complicado. Dios siempre quiere que nosotros busquemos una forma de solucionar el problema. Él no nos da esos permisos para el divorcio como una salida fácil, sino como un último recurso.

El hecho es que muchos de nosotros hemos tomado la decisión de divorciarnos por una razón u otra. Puede que tú seas una de esas personas. Y la pregunta en tu mente es: "¿Y ahora qué? ¿A dónde voy ahora?". Déjame animarte diciéndote que el divorcio no es un pecado imperdonable. Dios puede hacer algo nuevo y maravilloso de los pedazos de un matrimonio, y una familia rota. Todavía puedes lograr el ideal de Dios para el matrimonio la segunda vez.

Así que, con esto en mente, quiero pasar el resto de este capítulo marcando algunas maneras creativas para alcanzar la armonía en una "familia mezclada". Comenzar de nuevo después del divorcio, generalmente no es solo sobre tu cónyuge y tú, porque los niños están involucrados muchas veces. Por eso hablaremos de las segundas nupcias desde la perspectiva de los dos, los adultos y los niños involucrados en esta nueva familia mezclada.

Creando una familia mezclada creativa

Quiero compartir contigo cómo puedes tener armonía en tu nueva familia. Quiero compartir contigo cómo puedes experimentar unidad y armonía en esta banda familiar re-creada. Para lograr esto, voy a usar metáforas musicales para ilustrar la armonía que tú puedes alcanzar en una familia mezclada. Pablo anima en Filipenses 4:2: "… *que vivan en armonía en el Señor*"(LBLA). Esto se aplica a los solteros. Esto se aplica a los que están casados con un núcleo familiar. Y también se aplica a la familia del padre soltero y a la familia mezclada. Tenemos que vivir en armonía en el Señor.

En otras palabras, Dios nos ama tanto a ti y a mí, que Él no puede soportar que Su pueblo sufra disonancias en sus vidas como resultado del pecado. Él desea que nosotros vivamos en armonía con Él. Él no nos promete una vida fácil de ninguna manera, pero sí nos promete ser nuestro Dios, quien nos protege y nos ama incondicionalmente. "Bien, ¿y cómo logro esto, Ed? Me he vuelto a casar con una familia mezclada. Soy un padre soltero, y tengo que lidiar con todo este desorden. ¿Cómo experimento armonía?".

Audición de los músicos

Comencemos con lo básico, porque lo primero que tienes que hacer, si estás considerando volverte a casar y hacer todo esto de la familia mezclada, es una audición a los posibles músicos. Si hablas con algún buen director de música, él pasa una buena cantidad de tiempo haciendo algo que se llama audiciones. Si un director de música o de orquesta elige personas al azar para ser parte de una banda o de un coro, terminará con un caos. La audiencia va a decir: "Wao, tienen la peor música en el mundo. No tiene sentido. Suena como si cada uno está haciendo lo suyo. No hay mezcla".

Toma tiempo hacer audiciones, entrevistas, y poder determinar cómo las partes individuales de la banda se unen. Si estás considerando volver a casarte, si estás considerando meterte en eso de la familia mezclada, es mejor que te tomes el tiempo de entrevistar a todos los posibles miembros de la banda antes del matrimonio. Siéntate con ellos, conócelos, y mira cómo se comportan; porque ese es el momento de descubrir cómo se van a unir todos. No esperes hasta que estés casado para tener tus audiciones con los posibles músicos.

Estudios y experiencias nos enseñan que toma dos años para superar emocionalmente la muerte de un cónyuge o el trauma de un divorcio. Así que asegúrate de salir con tu futura pareja lo suficiente para que todos los involucrados, el hombre, la mujer y los niños, puedan actuar naturalmente alrededor de todos.

Todos podemos engañar a las personas; somos expertos haciendo esto. Ponemos esa sonrisa de conductores del programa de juego; así todos van a pensar que nunca tenemos un mal día. Trabajamos duro para dar la impresión de que todo está siempre perfecto, y de que estamos listos para enfrentar al mundo. Todo esto mientras estamos escondiendo adentro nuestras verdaderas emociones. Toma tiempo ver a los demás por lo que verdaderamente son, así que dales a todos los involucrados el tiempo que necesitan para sentirse cómodos alrededor de los demás.

Así pueden comportarse naturalmente. Necesitas tiempo para discernir por qué ocurrió tu divorcio, y, si es apropiado, por qué tu futura esposa se divorció. Necesitas tiempo para sanarte espiritualmente, y recalibrar en tu vida lo que está impidiendo tu relación con Cristo. ¿Puedes manejar el hecho de que estos niños tendrán dos papás? ¿Podrán funcionar todas estas relaciones complejas?

Servimos a un Dios de segundas, terceras y cuartas oportunidades. Su gracia continúa y continúa y continúa. Solo porque te hayas divorciado no es el fin del mundo. No tienes que seguir volando en clase turista hablando espiritualmente, como si tuvieras que esconderte detrás de la cortina por el resto de tu vida, solamente porque te has divorciado. Sí, todavía puedes volar en primera clase. Dios puede guiarte a la familia mezclada, a las segundas nupcias, y así puedes tener una segunda oportunidad de lograr el ideal de Dios. Necesitas tomarte tiempo para conocer y entender las dinámicas de todos los involucrados antes de tomar el paso a la situación de la familia mezclada.

Ensaya, no repitas

Los músicos ensayan una y otra vez para no repetir los errores del pasado, y para radicar modelos positivos en el futuro. Con oración y esperanza, llegas a la mesa matrimonial durante tus segundas nupcias con más madurez, y con la experiencia de haber aprendido de los errores del pasado.

Sin embargo, algo que he visto durante los años en que he hablado y aconsejado a tanta gente joven es que estos que vienen de hogares divorciados se inclinan al divorcio en sus propias vidas. Si tienes padres que se han divorciado, tienes más probabilidad de divorciarte. Y tengo que hacer la pregunta: ¿Por qué pasa esto? ¿Por qué está pasando tanto?

Esta es la razón más grande por la que pienso que esta tendencia existe. Los padres que se divorcian no les están enseñando a sus hijos que aprendan de sus errores. Si estás en esta situación, toma el tiempo, la energía, y el esfuerzo para ensayar con tus hijos dónde te equivocaste y qué debiste haber hecho diferente. Sácalos a un lado y diles: "Aquí es donde Papi se equivocó. Aquí es donde Mami se equivocó. El divorcio no es lo mejor que se puede hacer. Yo me equivoqué en esta área, y esto es lo que yo debí hacer, y lo que tú debes hacer en tu relación". Aprende de tus errores, y ayuda a tus hijos a aprender de ellos también. Luego de explicar dónde te equivocaste, empieza a modelar el camino divino para formar una familia que esté centrada en Dios y Su palabra.

Enfócate en la partitura correcta

También, si estás pensando en volverte a casar con una familia mezclada, saca los ojos de la partitura musical de la familia nuclear, y enfócate en la partitura de esta nueva familia mezclada. Deja de comparar tu situación con la familia nuclear de un hombre y una mujer, juntos para siempre, con 2 o 3 hijos. Esta no es la familia mezclada. La familia mezclada es un escenario completamente distinto, con diferentes situaciones familiares sucediendo al mismo tiempo. Y si no tienes cuidado, tiene el potencial de ser un lugar de cría para los celos, envidias, complicaciones, errores, y sentimientos heridos.

Tú puedes ser obediente a Filipenses 4:2, viviendo "en armonía en el Señor" (LBLA), aún en la familia mezclada. Pero vas a tener que pasar más tiempo en el estudio, más tiempo trabajando y más tiempo escuchando. Si Pavarotti, Mick Jagger y Garth Brooks hubieran entrado juntos a un estudio de grabación ¿crees tú que hubieran logrado inmediatamente unidad y armonía? Si ellos realmente hubieran trabajado en esto, la armonía hubiera llegado. Pero no sucede naturalmente. Toma tiempo.

Cuando pienso en situaciones de familias disonantes en la Biblia, pienso en Jacob en Génesis 35. Jacob tenía cuatro esposas (dos eran hermanas), doce hijos, y un suegro entrometido. Todos vivían juntos en carpas pegadas. ¿Crees tú que ellos tenían pocos problemas? Por supuesto que no. Pero Dios sacó de esa confusa situación familiar las doce tribus de Israel (a través de los hijos de Jacob).

No tienes que ir al cine o mirar las novelas para ver cosas interesantes. Solo lee la Biblia. Intrigas, espionaje, asesinato, celo, envidia y conflicto, todo está ahí. Y lo más grande es que nosotros podemos aprender de los errores de los personajes bíblicos; así nosotros no los tenemos que cometer. Esta es una de las razones por las que amo la Biblia. Dios no trata de tapar los errores de Su pueblo o de racionalizarlos. Simplemente los pone ahí, para que nosotros podamos beneficiarnos de los defectos y los fracasos de otras personas de la fe.

Elí es un personaje en el libro de 1 Samuel que también tuvo que tratar con problemas relacionados con la armonía familiar. Los dos hijos de Elí, Ofni y Fines, estaban fuera de control. Elí era un sacerdote, y sus hijos eran los típicos hijos de un predicador. Quiero decir que estos hijos pasaron los límites. Primera de Samuel 3:13 revela que Elí falló disciplinando a sus propios hijos: *él sabía que estaban blasfemando contra Dios y, sin embargo, no los refrenó*". Pero Dios le dio una segunda oportunidad a Elí dándole a Samuel para que lo criara.

Samuel era el hijo de Ana y Elcana, quienes lo dejaron a cargo de Elí para ser criado en el templo como un hombre de Dios. Es evidente que Elí hizo un mejor trabajo la segunda vez. Samuel se convirtió en uno de los más grandes jueces y profetas de Israel. Elí convirtió sus errores del pasado en éxito en el futuro, aprendiendo de sus errores y haciéndolo como Dios quiere la segunda vez. Tú también puedes ganar la segunda vez si fijas tus ojos en lo que Dios te llamó a hacer. Deja de enfocarte en la familia nuclear, o en otras expectativas para tu vida. Confía en Dios para construir una familia que tema a Dios, y en un lugar donde Su amor se encuentra en cada relación de tu familia.

Sé sensible al estilo

Una vez que escuchas, "Ahora los declaro marido y mujer" y estás envuelto en una familia mezclada, hay algo más que no quieres olvidar. Sé sensible al hecho de que cada músico tiene un estilo diferente. Ahora me estoy refiriendo específicamente a los niños en la familia mezclada, el estilo del niño.

Tal vez no lo puedas creer, pero volverte a casar es más difícil y complicado en los niños que el divorcio. Ellos van a tener que pasar por más traumas durante el segundo matrimonio que durante el divorcio. "¿Por qué?", te preguntas. "Eso no tiene sentido." Volverte a casar es más difícil porque, cuando lo haces, en la mente del niño se acaba el pensamiento de que la reconciliación puede ser posible para su mamá y su papá. También, ellos tienen que aceptar la nueva unidad familiar, con una nueva estructura de autoridad.

Otro problema grande para los niños, especialmente para los adolescentes, es la invasión de su espacio. De repente, ellos tienen que compartir sus cosas, tal vez hasta su cuarto, con nuevos "miembros familiares" que pueden ser también extraños. Un poco de esa incomodidad puede ser aliviada permitiendo suficiente tiempo para que los dos cónyuges y niños se ajusten a la nueva familia, antes de establecer un hogar combinado.

Recuerda que en cada familia, especialmente en la familia mezclada, cada uno necesita sus propias cosas. Si estuviera hablando, ahora estaría gritando. Tienes que asegurarte de darle a cada niño su propio territorio, porque desde la perspectiva del niño, de repente estos extraterrestres llegaron, invadieron su territorio definido y están tocando sus cosas. Mamá y papá, asegúrense que cada persona tiene un poco de lugar, aunque sea una pequeña esquina, solo para ellos y sus cosas personales.

La razón número uno por la cual el porcentaje de divorcio es más alto la segunda vez está en los desafíos de la crianza de los hijos en la familia mezclada. Así que te animo a que agarres a tus hijos y a los hijos de tu nuevo cónyuge, y los audiciones para el rápido propósito de conocerlos y volverte sensible a sus estilos. Si haces esto antes de tiempo, los vas a ayudar a adaptarse más satisfactoriamente al nuevo sistema familiar.

Es muy tentador involucrarse en el nuevo matrimonio establecido, y olvidarte de las necesidades cambiantes de los niños involucrados. No permitas que esto suceda. Tómate todo el tiempo necesario para entender y ser sensible al estilo único de cada niño, antes y después que el nuevo matrimonio comience.

Recientemente, detuve mi automóvil en una transitada intersección en el área de Dallas-Fort Worth y escuché, y sentí, música rap que venía del auto que estaba detrás de mí. Miré para atrás y vi a este hombre cantando como si a nadie le importara esta canción de rap. La gente alrededor de él en los otros autos lo estaban mirando y riéndose. El hombre, sin embargo, ignoraba lo que estaba pasando. Estaba tan metido en su estilo, que era como si el resto del mundo no estuviera allí.

Veo a padres en una familia mezclada haciendo lo mismo. Tienen este amor que es tan fresco, tan dinámico, que abarca todo, que estos dos pajaritos enamorados se olvidan de cómo les está afectando a los niños involucrados de las dos partes. Mientras tanto, los niños están pensando: "Esta familia mezclada es lo peor". La nueva familia no es solo sobre la madre (o madrastra) y el padre (o padrastro). Este es un asunto de todos y para todos. Es de todos los involucrados. ¿Eres sensible a los estilos de tus hijos?

Tira las 8-pistas

Si vas a tener esta armonía y unidad, y no una disonancia, aprende a cantar una nueva canción. En Salmos 33:3, David escribe: *"Cántenle una canción nueva…"* Estoy seguro de que la primera vez que David agarró el arpa y comenzó a cantar una nueva canción, la gente probablemente dijo: "Oh, él no está cantando los himnos tradicionales, este muchacho se volvió contemporáneo. ¿Quién es este pastorcito de pelo largo cantando estas canciones de *rock*? ¿Qué se les metió a estos niños hebreos?." Bien, David estaba cantando una canción nueva. Así como David, la familia mezclada tiene que aprender a cantar una canción nueva.

¿Sabes qué es lo que separa a la familia mezclada? ¿Sabes qué es lo que separa a las familias de padres solteros? Es la mentalidad de las 8-pistas. ¿Te acuerdas de los trajes casuales de los 70 y los casetes de 8 pistas? Sé honesto. Yo debo confesar que tenía un traje casual verde lima, y no tenía solapas, una seria emergencia en el mundo de la moda. Yo pensaba que este traje casual, que era distinto a otros que tenían unas solapas gigantes que parecían orejas de elefante, era lo más grande en este mundo. También tenía un reproductor de casetes, y mi casete favorito era *Lo mejor de los Bee Gees*. Hablemos de retro.

Muchos cometieron el error, en la familia mezclada y en la familia de padres solteros, de ser retro con una mentalidad de 8 pistas. ¿De qué estoy hablando? Estoy hablando de no dejar ir el enojo y el resentimiento por la relación rota: "Sí, mi esposo, mi ex, es un tonto". Estas personas escuchan el casete de la amargura una y otra vez. Lo vuelven a poner para su ex esposo, su nuevo esposo, y después dejan que los niños lo escuchen como cien veces. La amargura escala, y se desparrama como una enfermedad. Mientras continúan atacando al ex, él o ella devuelven el favor atacando también.

¿Cómo rompes con la mentalidad de las 8 pistas? Saca el casete de las 8 pistas, tíralo, y pon un CD. Para este propósito, CD significa algo diferente: Liberación Cristiana. ¿Y específicamente, qué es lo que se escucha en este CD? Filipenses 3:13-14: "*Hermanos, no pienso que yo mismo lo haya logrado ya. Más bien, una cosa hago: olvidando lo que queda atrás y esforzándome por alcanzar lo que está delante, sigo avanzando hacia la meta para ganar el premio que Dios ofrece mediante su llamado celestial en Cristo Jesús*".

¡Qué versículo poderoso! Este es uno de los versículos de mi vida. De hecho, prediqué sobre este pasaje el primer domingo que hablé en *Fellowship Church*. El Apóstol Pablo le estaba advirtiendo a sus amigos en Filipo que olvidaran el pasado y siguieran adelante. Cualquier cosa de tu pasado que no te permita progresar, tienes que olvidarlo.

Estoy contento porque servimos a un Dios que me dice a mí y te dice a ti que olvidemos lo que queda atrás. En cambio, Pablo nos dice: "Busca lo que está por delante". ¡Qué grande que es esto! No puedes olvidar, no puedes seguir adelante, no puedes avanzar si miras al pasado y estás usando esos casetes de 8 pistas. Es hora de poner el CD de Liberación Cristiana, y cantar una nueva canción. Dios tiene una nueva agenda, un nuevo recorrido, una nueva avenida, una nueva autopista para la familia mezclada. Dios puede darte el poder para dejar atrás el pasado, y avanzar.

Crea armonía

No soy un gran cantante, pero tuve la oportunidad de estar involucrado en una interpretación musical hace varios años atrás en la iglesia de mi padre en Houston, Texas. El director musical de la iglesia se acercó a mí un día y me dijo: "Ed, estoy haciendo un musical y armando un cuarteto *a capella,* y como tienes una voz bien grave, me preguntaba si te gustaría cantar la parte del bajo. ¿Ed, lo considerarías?".

Respondí: "Pues no, jamás he hecho esto. No sé nada sobre cantar en un cuarteto *a capella*". Estuvo detrás de mí hasta que al final accedí: "Esta bien, lo intentaré. Haré la audición".

En esto consistió mi audición. Él me dijo: "Muy bien, Ed, encuentra la nota más grave que puedas producir, y mantente ahí por cerca de diez segundos". Hice exactamente eso. Canté o hice un ruido de mi nota más grave, y la mantuve por varios segundos. Luego él me dijo: "Eso es, Ed. Lo lograste". Yo dije: "¿Qué?".

Él dijo: "Eso es, eso es todo lo que necesitamos". Así que llegó el día del gran evento en el *Music Hall* del centro de Texas, y yo era el cantante bajo del cuarteto *a capella*. Cuando él hacía un movimiento con la cabeza hacía mí, yo dejaba salir esa nota, y la aguantaba hasta que él me cortaba. La gente se acercaba a mí al final y me decían: "Oh, ¡qué hermosa voz! Eso fue increíble. Tú sí que sabías cómo crear esa armonía, Ed".

No pude dejar de reírme de sus aplausos y halagos, porque yo sabía lo patético que sonaba sin el talento de los otros tres hombres y la guía del director de música. Crear ese tipo de armonía fue definitivamente un esfuerzo grupal. Y de eso es de lo que hablamos con la familia mezclada: crear armonía juntos. ¿Cómo armonizas como familia? Muchos de nosotros no tenemos tono en nuestras relaciones, y no sabemos cómo armonizar con el otro.

En el seminario tuve que tomar una clase de música donde aprendí lo básico sobre dirigir. Si realmente vas a hacer la actuación de la familia mezclada, tienes que establecer la armonía en el hogar, convirtiéndote en co-conductor con tu cónyuge. Necesitas tomarte de la mano con tu cónyuge, y aprender a conducir juntos a la familia mezclada. Si no lo haces, Mamá va a estar leyendo un pedazo de música y Papá va a estar leyendo otro pedazo de música. Y así es como deletreas disonancia. Necesitas unirte, tener una hoja musical frente a ti como guía.

Sin embargo, cuando diriges, asegúrate de no tratar de improvisar y salirte de la hoja de música de la cual ustedes dos decidieron dirigir. Esta es una tentación muy fácil de caer en la familia mezclada. Lo que sucede regularmente es que al principio decides con tu cónyuge ser co-conductor en la disciplina, en las responsabilidades, y en las reglas. Luego, a medida que el tiempo pasa y las llantas tocan la carretera, empiezas a soltarle más las riendas a tus hijos biológicos que a tus hijastros. Comienzas a ser un poco más sensible y defensivo con sus necesidades, y te empiezas a salir de la pieza musical que todos acordaron en tocar.

Es natural que seas más protector de tus propios hijos biológicos, y que tengas más libertad con ellos. Sin embargo, asegúrate de sentarte con tu cónyuge, y dejar por escrito la responsabilidad que cada uno tendrá en la familia mezclada. También define cómo esas diferentes responsabilidades van a mezclarse o interponerse con la unidad familiar del ex-cónyuge. Debes fijar esos principios, dejarlos en claro, y dirigirlos juntos.

Esto también incluye trabajar con tu ex-cónyuge en el otro hogar, y tener terreno en común sobre el cual los dos puedan trabajar por el bien de los hijos. Los hijos deben sentir, especialmente en una situación de custodia compartida, que son miembros vitales de ambos hogares. Esto solo puede ocurrir cuando todos trabajan juntos, y están en la misma página.

Padres solteros

Quiero apretar el botón de pausa, y tratar sobre un problema específico orientado a los padres solteros que pueden aplicar a la familia mezclada cuando decidan volver a casarse. Tenemos tantos padres solteros en la sociedad de hoy, y creo que ellos tienen uno de los roles más difíciles y subestimados de nuestra sociedad. He visto tantas cosas hermosas suceder durante años, mientras Dios ha trabajado y tocado a los padres solteros, dándoles poder, y la habilidad más allá de su edad y capacidad. Quiero compartir contigo varias cosas que necesitas entender en lo que se refiere a este juego de padre soltero.

Cuando el divorcio ocurre, la esposa generalmente sufre un recorte significativo en el ingreso personal. Como la esposa es el padre que tiene la custodia en el noventa por ciento de los casos, su potencial de ganar dinero baja mientras ella trata de hacer malabarismos para compatibilizar las responsabilidades del trabajo con las demandas de criar a los hijos sola. El hombre, por otro lado, experimenta un aumento substancial en su ingreso personal, porque él, ahora, puede dedicarle más tiempo a su trabajo.

Las madres solteras, durante todo este escenario, son más susceptibles a los sentimientos de culpa. Se sienten culpables por hacer que sus hijos atraviesen por un divorcio, por tener poco tiempo entre el hogar y la carrera, y por no poder hacer más por sus hijos en cuanto a lo financiero. Las madres solteras pueden sentirse tan culpables y tan amargadas que hasta terminan tratando de quitar parte de esa culpa siendo por demás permisivas con sus hijos. Cuidado con esta tendencia. Les permites a tus hijos hacer cualquier cosa porque piensas: "Bueno, si soy una buena madre, tal vez así pueda compensar por todos estos otros problemas causados por mi divorcio". De repente tus hijos empiezan a pasarte por encima, y tú los tratas como uno de tus compañeros. Y la base de la autoridad desaparece.

Ahora hablemos de los padres solteros. Te sientes culpable, padre soltero, porque no estás tan involucrado con tus hijos en el día a día como tu ex-esposa. Y tu culpa te lleva a convertirte en el padre de las compras. Tienes el dinero extra, así que en las visitas de los fines de semana, los entretenimientos, el entusiasmo, y la aventura, todo sucede con papá. Alivias la culpa metiéndote en la mentalidad del papá dulce. Una vez más, la base de la autoridad desaparece, y tus hijos descienden en una caída libre de estructura y disciplina deterioradas.

Una madre soltera y sus tres hijos viven justo unas pocas casas más abajo que la nuestra, y hasta un observador ocasional en esta calle se daría cuenta del evento recurrente en esa casa. Una vez por semana, el ex-esposo de esa mujer dobla en la calle en su camioneta negra, para en la casa y camina hasta la puerta. Unos minutos más tarde, él sale con los niños, y se los lleva a su casa por el fin de semana. Una semana, este es el papá soltero por excelencia. Cuando dobló en la esquina, noté que en la parte de atrás de su camioneta tenía una caja enorme de *Toys R Us*. Manejó hasta la casa como de costumbre, caminó hasta la puerta y sus entusiasmados hijos salieron: "¡Oh, papi trajo un juguete nuevo! Nos vemos, mami".

Padres solteros, les estoy hablando a los dos, padres y madres, ahora mismo. Asegúrense de lidiar con la culpa entre ustedes y Dios, y entre ustedes y su ex-cónyuge, de manera que los efectos de esa culpa no se vuelquen sobre sus hijos. Si te vas a equivocar, equivócate siendo demasiado estricto, en vez de teniendo la mentalidad permisiva que dice: "Bien, niños, si les parece bien, háganlo. Pueden hacer todo lo que quieran y tener todo lo que quieran. Solo quiero hacerlos felices".

La familia mezclada

Ahora soltemos el botón de pausa y adelantemos hasta la familia mezclada. Lo que sucede a menudo, cuando una madre soltera y un padre soltero se vuelven a casar y entran en una situación de familia mezclada, es que el estilo de crianza permisiva continúa. Por eso (en muchas circunstancias) los hijos están a cargo del *show* en la familia mezclada. Ellos estaban a cargo cuando papá y mamá estaban solos, así que creen que las mismas reglas se aplican en la familia mezclada, y que por eso pueden estar a cargo de nuevo. Solo que esta vez, hay mucho más en juego. Tienes que establecer la autoridad antes que te vuelvas a casar, para que así puedas mantener esa autoridad como co-directores en la familia mezclada. Habla con cualquier miembro de una banda u orquesta, y te dirán que alguien tiene que dar las indicaciones. Mamá y papá deben presentar un frente unido como co-conductores.

Otro aspecto de ser un buen director y establecer la armonía en el hogar es respetar la rutina del nuevo sistema familiar. Establezcan sus propias rutinas como familia mezclada, pero además respeten las rutinas de la otra familia, especialmente durante las fiestas. Mientras los niños vuelan de destino a destino, sean extra sensibles a sus necesidades, así como a las necesidades de la otra familia involucrada. Además, encárgate del aspecto relacional, y haz lo más que puedas para mejorar la relación de tus hijos con tu ex-cónyuge.

Si tienes un problema con tu ex-cónyuge, no le digas a tu hijo: "Bueno, tu papá es un tonto. Por eso nos tuvimos que divorciar". Si tienes un problema con él, si en verdad se comporta como un tonto, háblalo con él directamente. No uses a tu hijo de intermediario ni como munición relacional. Siendo un padre o madre ejemplar, aún en medio de los mayores desafíos relacionales, puedes darles a tus hijos las herramientas que necesitan para establecer relaciones duraderas más adelante en la vida.

Hemos abarcado varios temas claves relacionados al divorcio y a las segundas nupcias en este capítulo. Echamos un vistazo al plan ideal de Dios para el matrimonio, y también a algunos permisos bíblicos en cuanto al divorcio. Después de eso, hablamos de una segunda oportunidad para alcanzar el ideal matrimonial para la familia mezclada. Cuando sigues estos principios relacionados a la creación de una familia mezclada, audicionar a los músicos, ensayar para no repetir, enfocarse en la partitura correcta, ser sensible al estilo, reemplazar tus casetes de 8 pistas por CDs, convertirse en co-conductores, puedes experimentar la armonía de todos empujando hacia un mismo lado en esta nueva banda familiar. Y ese es el tipo de música que a Dios le gusta oír.

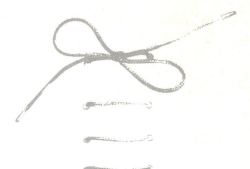

PRINCIPIOS DE LA ARMONÍA CREATIVA

+ Recuerda que el modelo de Dios es un hombre y una mujer juntos en matrimonio, y que Él ha provisto los recursos (por medio del Espíritu Santo) para atravesar los momentos difíciles.

+ Recibe la reconciliación de la gracia y del poder de Dios para poder sobrepasar los obstáculos del divorcio. Dios odia el divorcio, pero Él puede reconciliar todas las cosas para darte otra oportunidad de hacer el matrimonio a Su manera.

+ Toma tiempo para sanar después del divorcio (dos a tres años antes de decidir volver a casarte).

+ Permite que Dios te sane para poder enfocarte en el futuro en vez de en el pasado.

+ Los padres solteros deben mantener el control de sus hijos, a pesar de las presiones de tratarlos como si fuesen sus compañeros.

CAPÍTULO 8

PREGUNTAS MATRIMONIALES FRECUENTES

Respuestas a las preguntas más frecuentes en el matrimonio

A lo largo de los pasados capítulos, abordamos temas como la ética laboral del matrimonio, la comunicación creativa, la resolución del conflicto y el popular tema del sexo, que a menudo es evitado, con un capítulo dedicado a los edificadores y obstáculos del sexo. Abordamos, además, los temas importantes del dinero y el matrimonio, y el reto de mantener tu familia enfocada en tu cónyuge en vez de en los hijos. Finalmente, en el capítulo anterior, hablamos de los temas difíciles del divorcio y volver a casarse.

En este capítulo, Lisa y yo vamos a responder a algunas preguntas comunes acerca del matrimonio. Estas preguntas fueron hechas por personas de nuestra iglesia durante una serie sobre el matrimonio, y creemos que representan los problemas de casi toda relación matrimonial.

Antes de entrar en las preguntas, permíteme decirte algo que debes comprender. Lisa y yo no somos expertos en el matrimonio. Sí disfrutamos de un gran matrimonio y la razón por la que lo hacemos es porque edificamos nuestras vidas sobre los principios que se encuentran en la Palabra de Dios. Hemos hecho esto de manera individual, y también juntos como pareja.

Sé que algunos que leen este libro son adultos solteros. La iglesia está llena de adultos solteros que se preparan, que sueñan y que piensan en casarse. Cualquier fin de semana, entre cuarenta y cinco y cincuenta por ciento de aquellos que asisten a *Fellowship Church* son solteros. También queremos abordar algunas de las preguntas que los solteros tienen acerca del matrimonio.

Sería muy iluso para Lisa y para mí creer que podemos entender y saber exactamente lo que sientes. Sin embargo, podemos ver estos problemas matrimoniales comunes, y dirigirte a los consejeros o al material que pueden ayudar a que tu matrimonio sea creativo y duradero.

P: El primer capítulo habla del valor de los votos matrimoniales. ¿Si yo ya dije estos votos, o si lo voy a hacer en un futuro, como sé si la otra persona es la correcta?

ED: Bueno, espero que sepas que tu prometida o prometido es la persona adecuada, antes de que te pares ante un pastor, Dios y algunos amigos para el evento. Lo que le digo a los solteros a la hora de aconsejarlos sale de la Biblia y de experiencias de la vida. Escribí un libro titulado *La pareja ideal: Cómo encontrar al amor de tu vida*, el cual explica mucho de lo que enseño. Pero déjame resumirte algo de ese libro. Si estás soltero y estás considerando a una persona específicamente como tu compañero o compañera para el resto de tu vida, creo que debes someter a esa persona a varias pruebas.

La primera prueba es la prueba espiritual. Tienes que asegurarte de que tiene una relación personal con Cristo. No estoy hablando de ir a la iglesia, sino de tener una historia antes de Cristo, qué sucedió cuando conoció al Señor, y lo que Dios hizo desde ese momento tan importante.

Cuando los dos están trabajando desde la misma dinámica espiritual, esto forma el fundamento para la resolución del conflicto. El matrimonio es conflicto de una manera real. Tienes a dos pecadores egocéntricos tratando de vivir a la manera de Dios, así que necesitan estar en la misma página espiritualmente, y también tener conocimiento sobre el ministerio de la reconciliación.

Necesitamos entender la idea de que Dios envió a Cristo a morir en la cruz por nuestros pecados, algo que no merecemos, y que Él resucitó. Si hemos aceptado esto, tenemos la habilidad y la motivación de querer poner nuestras cosas en su lugar ante Dios y ante nuestro cónyuge.

Hablando de la prueba espiritual, esto también ayuda en la crianza de los hijos. Lisa y yo tenemos cuatro hijos. Criar a los hijos es un desafío, y yo no sé dónde estaríamos sin ese vínculo común con Cristo.

Yo también usaría la prueba del carácter. Es importante medir el carácter de la otra persona. Como Lisa y yo salimos por bastante tiempo, yo pude observarla en varias situaciones. Honestidad, responsabilidad, fortaleza y otras cualidades importantes como estas solo pueden ser vistas a largo plazo.

Otra prueba sería la de recostarse, relajarse y disfrutar del escabroso plano de la realidad. Puedes llamarla la prueba del tiempo. Si estás de novio y consideras casarte, te aconsejo que por lo menos salgas como novios por 12 meses. Esto hace que el encaprichamiento se gaste como un buen par de *jeans*. Te ayudará a discernir la relación durante los tiempos buenos y los malos. El tiempo también te permitirá exponer la relación a tu familia y a tus amigos. Todos sabemos que no hay nada más útil que el consejo que recibimos de las personas que más nos conocen.

LISA: Como lo mencionó Ed, nosotros salimos como novios por seis años. Nos conocimos cuando terminamos el primer año de la secundaria. Fuimos novios por un año cuando Ed me dijo que nos íbamos a casar. Yo le dije que eso era bueno, pero que yo quería crecer, y ser una azafata y viajar alrededor del mundo. Le dije que él tenía que esperar hasta después de eso si realmente quería casarse.

Cuando estábamos en el segundo año de la universidad, le recordé que una vez él dijo que nos íbamos a casar. Le dije que yo ya no quería ser azafata, y que teníamos que comenzar los preparativos.

Durante esos seis años, respondimos todas esas preguntas y pasamos todas las pruebas. En mi corazón yo sabía que una parte de mí estaría vacía sin él. Y yo creo que él sintió lo mismo.

P: El tercer capítulo habla de la importancia de la comunicación entre el esposo y la esposa. Ed, tú eres el pastor de una iglesia muy grande y estás muy, pero muy ocupado. Lisa, tú sirves en la iglesia, y también cuidas a tu marido y a tus cuatro hijos. ¿Cómo hacen para encontrar tiempo en su matrimonio para la comunicación?

LISA: Nosotros estamos muy ocupados, pero creo que la mayoría de las personas están ocupadas. Definitivamente, esto es algo que mata la buena comunicación. Creo que estos días, muchos de nosotros nos hemos olvidado del arte de decir "no". Tenemos que aprender a dejar ir las cosas buenas para poder recibir las cosas mejores en la vida.

Ed y yo intencionalmente buscamos pasar tiempos juntos diariamente y semanalmente para poder comunicarnos. No sucede así de la nada. Siempre va a haber un hijo que nos necesita. Siempre va a haber personas en la iglesia que nos necesitan. Así que somos muy intencionales en esto.

Tratamos de estructurar tiempo diariamente luego que nuestros hijos están en la cama por la noche. Yo soy una persona muy estructurada, y reforzamos mucho la rutina de la hora de irse a dormir durante las noches que hay que ir a la escuela. También tenemos una hija que va a la secundaria, quien se va a dormir más tarde que los otros niños, pero ella está arriba pasando tiempo sola en las noches. Así nosotros podemos pasar tiempo de adultos juntos. Otro elemento importante es lo que hacemos con nuestras actividades extra curriculares (AECs). Le decimos no a muchas de esas AECs que pueden interponerse a nuestro tiempo juntos por las noches.

Tampoco tenemos un televisor en nuestro dormitorio. Algo muy grande pasó cuando el televisor de nuestro cuarto se rompió. Esta "zona sin televisor" ha creado una mejor atmósfera para la comunicación. Si tienes un televisor en tu dormitorio, sé amigable con el botón de apagado. Ese tiempo juntos en silencio te permitirá comunicarte. Esta comunicación puede llevarte a "otras cosas buenas" también. Esto fue suficiente.

Y también está nuestra noche para salir solos, algo de lo que Ed ya habló en este libro. Planificamos por lo menos una salida semanal, pero tratamos de hacerlo todas las semanas. Si la comunicación diaria fue difícil, el jueves en la noche sabemos que estaremos juntos para pasar un tiempo sin interrupciones.

A veces durante nuestras salidas, yo tengo el calendario en la mano. Así podemos revisar nuestras actividades para la semana siguiente. Tal vez parezca gracioso, pero ese puede ser el único tiempo que tenemos para programar cosas que queremos hacer. Si no lo ponemos en el calendario con tiempo, otras cosas se van a interponer en el camino.

ED: Tenemos que luchar por ese tiempo. Yo diría que en los quince años que hemos estado en Dallas, las salidas por las noches es lo que ha hecho que nuestro matrimonio llegue a otro nivel. Está bien salir con otras parejas, pero ese tiempo concentrado solamente para nosotros dos es crucial.

LISA: En ocasiones salimos con otras personas, pero lo mantenemos balanceado. Ha habido un tiempo en que yo he tenido reuniones en la escuela, y me he tenido que disculpar por no haber ido. Solía desear tener otra gran excusa que no sea el hecho de que Ed y yo teníamos una cita. Pero finalmente tuve el coraje de decirlo, y las otras esposas se derretían diciéndome lo fabuloso que esto era. Este concepto se convirtió en algo que muchos de mis amigos quisieron adoptar para sí mismos.

P: ¿Cuál crees que es la cosa más importante que un cónyuge puede comunicarle a su compañero o compañera?

ED: Yo diría que es que la autoestima está bien arriba. Los dos, tanto el esposo como la esposa, reciben la mayoría de su autoestima y valor el uno del otro. Muchas veces, me he olvidado de la importancia de mis palabras para Lisa. Tal vez dije alguna palabra de crítica a Lisa. Tal vez Lisa hizo algo realmente increíble, y no la elogié de la manera en que debería haberlo hecho. Estoy tratando de mejorar mi sensibilidad en esta área porque yo he sido lo suficientemente consistente.

Pienso en nuestra iglesia. He tenido la oportunidad de hablar a muchas personas varias veces en un fin de semana. Realmente disfruto cuando la gente se acerca a mí, y me dicen que les gustó el mensaje o la iglesia. Eso significa mucho. Pero no hay nada como cuando Lisa se da vuelta, y me dice de regreso a casa: "Amor, realmente aprecié ese mensaje. Me bendijo mucho". No hay nada como escuchar eso de mi esposa. La autoestima es grande. Tampoco te olvides de las pequeñas cosas. Cosas como honrarla con un lenguaje corporal positivo, y los grandes abrazos tienen mucho significado.

LISA: Siento que es importante que Ed me demuestre que soy valiosa, y que yo le demuestre a él que él es valioso. Hacemos esto siendo intencionales con nuestra comunicación, y pasando tiempo juntos los dos solos.

También tenemos que tener cuidado con las cosas que hacemos que posiblemente pueden desvalorizar a nuestro cónyuge, como mencionándolo en público de manera negativa, planeando una cita y no aparecer, o pasando tiempo en el celular en vez de estar solos los dos. También tienes que tener cuidado en cómo transmites un mensaje a tu cónyuge, tanto con el tono de voz y con las palabras. Cuando Ed y yo nos hablamos palabras de valor, ganamos más confianza el uno con el otro, y ganamos confianza en nuestro matrimonio.

P: Cambiando de la comunicación a la resolución de conflicto, ¿cómo se encargan los dos del estrés financiero en el matrimonio?

ED: Muchas parejas tienes estrés y presiones financieras. Tal vez uno de los cónyuges es de gastar más, y el otro es más conservador. Este es muchas veces el caso en el matrimonio. O tal vez los dos se están ahogando en un mar de deudas. No hay otra presión como la presión financiera en la relación matrimonial.

Yo desafío a los esposos y a las esposas a tener una perspectiva bíblica en cuanto al dinero. Lo que Lisa y yo hemos tratado de hacer a lo largo de los años de nuestro matrimonio es reconocer que todo lo que tenemos viene de Dios. Esto es pan comido para nosotros.

Generalmente nos sentamos al comienzo del año, y revisamos nuestro presupuesto para los siguientes doce meses. Vivimos casi por el principio del diez-diez-ochenta. Damos por lo menos el diez por ciento a la iglesia. Hemos dado mucho más que eso a veces, pero esa es nuestra línea base. Después tratamos de ahorrar por lo menos diez por ciento. Y vivimos con el ochenta por ciento restantes. Cuando estamos hablando y orando por el presupuesto, esto nos da una guía básica.

Yo creo que algunas parejas cometen un gran error cuando un cónyuge tiene una cuenta de la que el otro no sabe, un poco de acción estilo 007. Yo creo que todo tiene que ser revelado, y que necesitan hablar los dos sobre cualquier compra grande.

LISA: Usualmente, hablamos sobre los objetivos que tenemos para el año. A mí me gusta hablar de muebles, y a Ed usualmente le gusta hablar del siguiente viaje de pesca. Hablamos de nuestra vacación familiar, y guardamos dinero para emergencias. No hablamos egoístamente, pero pensamos en el uno, en el otro y en la familia. Con el ochenta por ciento restantes, luego de dar y ahorrar, es como sabiamente podemos usar lo que Dios nos ha bendecido para pagar las cuentas, comer y disfrutar.

P: Hablaste sobre una revelación total en las finanzas. ¿Cuál es tu punto de vista sobre los acuerdos prenupciales que la gente usa para negociar los matrimonios?

ED: Si alguien está hablando sobre un acuerdo prenupcial, les animo a que consideren seriamente las razones por las cuales creen que es necesario. ¿Están inseguros de la otra persona? ¿Hay algún elemento de desconfianza o inseguridad sobre esa persona o sobre si el matrimonio va a durar? Si este es el caso, tienen que volver a pensar en el matrimonio, y comenzar consejería prematrimonial para trabajar en esos problemas. En general, a mí no me gustan ese tipo de acuerdos en un matrimonio porque no creo que debes entrar al matrimonio con un signo de pregunta. Tienes que comenzar el matrimonio con un signo de exclamación.

LISA: Ahora, entiendan que nosotros teníamos menos de $1.800.00 a nombre nuestro cuando nos casamos.

ED: ¡Eso es cierto! Pero aún así, eso es lo que aconsejo. No quieres meterte en el matrimonio sintiéndote inseguro. La confianza es el fundamento para un gran matrimonio.

P: ¿Cómo tratan en tu familia con el controversial concepto de la sumisión?

ED: En la Biblia todo este tema ha sido malinterpretado y sacado fuera de contexto. Esto es lo que la Biblia dice. Dice que el esposo tiene la responsabilidad espiritual de la relación. Él es el líder. No quiere decir que él está en un pedestal y la esposa está debajo de él.

Ante Dios nosotros jugamos en una cancha pareja. Sin embargo, de acuerdo a la Biblia, el esposo tiene que amar a su esposa como Jesús amó a la iglesia. ¿Cuánto amó Él a la iglesia? Él dio Su vida por la iglesia. Cristo tomó la iniciativa y nunca deja de trabajar por la Iglesia. Aunque no merecíamos ser amados, Él nos amó.

Si yo amo a Lisa con un amor sacrificado, ella es libre y va a experimentar mucha libertad para ser sumisa. Ella puede amarme a mí, y vivir la vida como ella quiere vivirla.

Hay muchos momentos en los que tenemos grandes decisiones. Yo creo que tal vez debemos ir por este lado, pero ella va a marcar otros factores que ella cree que deben ser incluidos en la decisión. Ella puede, y muchas veces trae otras cosas que hacen que yo cambie mi manera de pensar. Pero yo sé al final del día, en la cadena de mando de Dios, que la decisión final está en los hombros del esposo.

LISA: Nunca tuve problema con el término "sumisión". ¡Tuve problema sometiéndome! Cuando pienso en este tema, no puedo evitar pensar en algo que ocurrió al principio de nuestro matrimonio.

Queríamos ir a visitar a nuestra familia en Carolina del Sur para el Día de Acción de Gracias, pero teníamos poco tiempo. Los dos estábamos en la escuela y él trabajaba también. Ed quería ir en avión, pero yo le dije que no podíamos pagarlo, así que íbamos a tener que manejar. Íbamos y veníamos con este asunto.

Acabábamos de recibir nuestra primera tarjeta de crédito, la cual tenía un límite de $350. Los pasajes salían en $175 cada uno. Yo le dije a Ed que si los comprábamos estaríamos cometiendo un gran error. No teníamos que endeudarnos, y yo pensaba que debíamos manejar. (Ahora, no he mencionado que yo quería traerme de vuelta con nosotros un mueble.) Yo solo usé las consecuencias financieras para cambiar la manera de pensar de Ed.

Una noche, en medio de la noche, Ed se sentó en la cama y anunció: "Vamos a volar". Saltó de la cama, y se puso a hacer las reservaciones en medio de la noche. Yo estaba bien enojada. Debo confesarlo que en esta situación en particular, yo no seguí el principio bíblico de resolver mi enojo antes de irme a la cama.

Al siguiente día yo todavía estaba furiosa. Aunque me estaba sometiendo en el exterior, todavía estaba muy enojada en lo interior. Cuando llegamos al aeropuerto, el vuelo estaba sobrevendido. El hombre del mostrador nos dijo que podíamos tener asientos libres en un vuelo más tarde si dejábamos nuestros asientos. También nos iba a dar dinero para un taxi, ir al cine y a cenar.

Cuando al final volamos a Carolina del Sur, hicimos el viaje entero sin gastar un centavo. ¡Dios me enseñó que la sumisión es algo bueno para practicar! Este puede ser un ejemplo extremo, y no te estoy prometiendo que vas a volar gratis si te sometes a tu esposo. Pero yo creo que Dios me estaba enseñando una lección importante sobre tener una actitud sumisa a través de esta experiencia.

ED: El esposo es la cinta que mantiene el matrimonio y el hogar juntos.

Digamos que en una situación en particular ella está 99.9% equivocada y tú estás 0.1% equivocado. Aún así, los esposos son los que deben comenzar la reconciliación. Esa es la responsabilidad espiritual del esposo. Aún en esos días en los que sea difícil amarla, tú debes amar a tu esposa como Cristo amó a la iglesia. Y créeme, si haces esto, las otras cosas se van a solucionar por sí solas.

LISA: Es algo que también trae orden a nuestro hogar. Ed mencionó la cadena de mando. Hay momentos en los que yo comparto con él mis opiniones, algunas veces él las toma en cuenta, y otras veces él va con su decisión inicial. Él no siempre está correcto, pero no es nada que no se pueda solucionar. Los dos usamos cada decisión y cada circunstancia como una lección de aprendizaje, y reconocemos que este proceso de sumisión y de amor sacrificial es para poner orden en nuestro hogar.

ED: Hay muchas áreas que Lisa dirige. Por ejemplo, estábamos hablando de las finanzas. Ella es la que paga las cuentas. En nuestra relación, ella es la que tiene el mejor don en esta área.

P: ¿Cómo tratan con el problema de los parientes políticos en el matrimonio?

LISA: Yo no tengo la típica suegra. Ed y yo fuimos novios por seis años. Hay tres hombres en la familia, y yo fui la única mujer en escena por mucho tiempo. Y para ser honesta contigo, la madre de Ed me malcrió. Ella y yo tuvimos una gran relación desde el principio, y tenemos una gran relación hasta el día de hoy. Cuando nos viene a visitar, es un placer para mí poder tenerla con nosotros.

Sin embargo, al principio de nuestro matrimonio, mi familia vivía en Carolina del Sur y nosotros vivíamos en Houston, muy cerca de la familia de Ed. Yo ya había hecho esa parte de dejar padre y madre de la cual la Biblia habla en Génesis 2. Yo dejé a mi familia, y me estaba agarrando fuerte de la relación que tenía con mi esposo.

Ed, por el otro lado, todavía estaba muy cerca de su familia. Él continuaba haciendo las cosas de la misma manera que siempre las había hecho. Si yo lo estaba esperando para cenar, él probablemente estaba ahí jugando al baloncesto con sus hermanos. Cuando l─   le preguntaba qué estaba haciendo, y él
          ─asa, ¡pero no en nuestra casa! Así que
          ─ipio.

─ fue más difícil cortar el cordón que
─ en Houston y trabajando en la mis-
─ra (y todavía lo es) pastor, era bueno,
─ a mí. Era difícil darse cuenta dónde
─aba el jefe. Yo creo que lo mejor que
─o fue cuando nos mudamos al área

─líticos son muy importantes para
─s son muy importantes. Cuando
─s y compramos nuestra casa, no-
─nión de nuestros padres. Escu-
─eníamos bastantes decisiones

─stros padres les gustó
─e era demasiado
─naraciones.

LISA: Nosotros valoramos sus opiniones. Sin embargo, nuestra decisión se basó en el tiempo que pasamos juntos en oración, y en nuestra comunicación el uno con el otro. Una de las reacciones más insalubres que puedes tener es salir corriendo hacia mami o hacia papi en vez de buscar a tu cónyuge.

P: ¿Qué les aconsejarían a las personas cuando los parientes políticos los presionan a pasar las fiestas con ellos?

LISA: Para nosotros las fiestas son un poco difíciles. Para Pascuas, estamos aquí para los servicios de nuestra iglesia. Para Navidad, es la misma situación. Hace mucho tiempo tomamos la decisión de pasar las fiestas de la manera que es mejor para nuestra familia.

A nuestros hijos les encanta tener tradiciones en nuestra casa, así que hacemos todo aquí e invitamos a nuestros padres que vengan a visitarnos. Eso funciona muy bien. Ha habido algunas veces en las que hemos pasado Navidad en sus casas, pero, en la mayoría de los casos, es nuestro problema. Nosotros definitivamente queremos que los abuelos de nuestros hijos sean una gran parte de sus vidas. En ocasiones viajamos a Houston para el Día de Acción de Gracias.

ED: Tratamos de pasar las grandes fiestas, (Navidad siendo la más grande) en casa. Y después de Navidad, si queremos ir a visitar a la familia extendida, lo hacemos.

P: Las estadísticas muestran que más del cincuenta por ciento de los matrimonios terminan en divorcio. ¿Qué tienes que decir respecto al divorcio, especialmente en lo que se refiere a aquellos en la iglesia quienes han atravesado uno o están considerando el divorcio?

ED: Bien, el divorcio no es el pecado imperdonable ni el pecado inexcusable. Primero que nada, déjame decir esto. Servimos a un Dios de la segunda oportunidad. Conozco a muchas personas que han pasado por la devastación del divorcio, y hay una luz al final del túnel.

El ideal de Dios es que un hombre y una mujer se casen, y se mantengan casados hasta que se mueran. Sin embargo, la Biblia menciona tres fundamentos para el divorcio, de los cuales ya hablé en el capítulo anterior. La primera es cuando el divorcio ocurre antes de creer en Cristo; el segundo, el adulterio; y el tercero, el abandono. Aún así, estos son dados como último recurso después de que hemos hecho todo lo posible por salvar el matrimonio.

Estos fundamentos bíblicos para el divorcio tienen varios matices. Y si quieres profundizar más en esto, hay algunos libros cristianos muy buenos que puedes leer para tener información más detallada sobre el asunto. Te animo a que le preguntes a tu iglesia o a tu pastor para que te refieran a un buen consejero cristiano basado en la Biblia, para que te ayude a clarificar este tema.

Me compadezco de los hombres y de las mujeres divorciados. Yo quiero ministrar a sus necesidades. En la mayoría, no importa qué tan alto sea el precio, es importante tratar de hacer que el matrimonio funcione, ya que el precio del divorcio es más alto. Yo puedo pensar en como nueve o diez casos en varios años en los que esto tal vez no fue cierto, pero hay miles de casos donde el matrimonio pudo haber sido salvado.

LISA: Y esos que él menciona son casos en los cuales uno de los cónyuges era muy abusivo, estaba en prisión por mucho abuso de drogas, o alguna otra situación extrema.

ED: Pero yo les diría a aquellos que están divorciados que pueden usar sus experiencias, lo que aprendieron de su primer matrimonio, y aplicarlo a su segundo matrimonio. Tú puedes hacer tu próximo matrimonio de la manera que Dios quiere.

Por eso es que escribimos este libro y tenemos materiales disponibles en nuestra iglesia, así como también muchas clases y seminarios sobre el matrimonio. Así que, involúcrate en tu iglesia, encuentra la ayuda que necesitas, y hazlo de la manera que Dios quiere.

LISA: Algo importante que debes considerar antes de dirigirte al divorcio es el sacrificio que Dios hizo por todos nosotros. Si te encuentras en una situación en la cual las cosas están bastante difíciles y el divorcio parece inminente, piensa en el precio que Dios pagó cuando nuestros pecados nos separaban de Él, y nuestra relación con Él estaba rota. Dios pagó el precio máximo a través de Su hijo, Jesucristo, para reconciliarnos con Él. Él envió a Su único Hijo a morir en una cruz para restaurarnos completamente.

Cuándo consideras lo que Dios hizo por nuestra relación con Él, ¿por qué no vas a trabajar más duro para darle a tu matrimonio otra oportunidad?

Aunque te hayas casado en una colina en Maui o en una iglesia con vitrales en la ciudad, cuando dijiste "Acepto", fue un pacto ante Dios. Y Dios no toma a la ligera romper un pacto.

Vivimos en una sociedad desechable, una sociedad que soluciona todo rápido, y muchas veces, esto tiende a ser una influencia. Pero yo oro que tú consideres lo que Dios ha hecho por ti, y decidas trabajar más duro para darle a tu relación otra oportunidad. Hoy es un nuevo día. Puede ser un nuevo día en tu relación.

ED: Leí que la mayoría de los divorcios ocurren en los primeros dos años del matrimonio. Lo que esto me dice es que durante los primeros años de ajuste, el conflicto no fue manejado correctamente. Cuando te estrellas contra esos puntos de salida a los que todos nos enfrentamos, terminas decidiéndote por salir del apuro.

Lo que sucede es que te encuentras en un ciclo repetitivo donde el mismo tipo de basura termina saliendo a la superficie en el próximo matrimonio, y en el próximo matrimonio y en el próximo matrimonio.

P: Mirando atrás en tu matrimonio, ¿cuál fue uno de los momentos más difíciles que vivieron juntos y cómo salieron adelante?

ED: Yo diría que los primeros veinticuatro meses fueron duros, y también, yendo de dos niños a cuatro niños cuando nacieron las mellizas. En ese momento, estábamos construyendo nuestra nueva iglesia en Grapevine, Texas, y todavía estábamos teniendo cuatro servicios cada fin de semana en lugares alquilados. Ese fue un tiempo muy agotador.

LISA: Volviendo al tiempo cuando nuestras mellizas nacieron, sentimos presión de todos lados. Cuando este tipo de presión ocurre, espera a que se transmita a tu relación matrimonial también. Tienes que hacer cosas para proteger tu relación.

Uno de los grandes problemas que enfrentamos es el no luchar imparcialmente. Cuando los problemas suceden y el conflicto surge, no usamos los límites bíblicos para mantener el conflicto en una forma positiva.

Esto suena un poco extraño, pero el conflicto puede ser algo muy positivo para tu relación. En aquel entonces, nosotros nos inclinamos por llamarnos por nombres y comparar. Ed es un gran imitador y él metía esto en la mezcla, y yo tengo una gran capacidad de volverme histórica con él, recordando cada fracaso que él había cometido en nuestro matrimonio. Vamos a decir que no estábamos peleando imparcialmente.

Estos conflictos eran negativos, y no hicieron nada para elevar nuestra relación. Si algo hicieron fue tirar su autoestima abajo y mi autoestima abajo. El conflicto puede ser beneficioso si peleas imparcialmente, y llegas a una solución. Una vez que esto sucede, tu relación avanza más alto.

También, Ed y yo creemos que algunas discusiones deben hacerse en presencia de los niños. Ahora, esto puede sonar raro, pero si se hace adecuadamente, estás modelando la resolución del conflicto a tus hijos.

Nuestros hijos nos ven a nosotros discrepar de vez en cuando. No nos metemos en estas peleas calientes delante de nuestros hijos, pero ellos sí saben que nosotros tenemos ciertas opiniones para ciertas cosas. Ellos ven el rol de Ed como líder y cómo él escucha mis opiniones. También ven cómo el perdón trabaja en nuestra relación.

Si peleas delante de tus hijos, pero no resuelves nada delante de ellos, entonces yo considero que esto no es saludable. Pero si muestras perdón y resolución, estás modelando para ellos cómo manejar los problemas en el parque, y cómo manejar momentos difíciles con sus amigos. Más importante aún, les estás mostrando cómo manejar el conflicto en su futura relación matrimonial.

P: En el capítulo de los edificadores y obstáculos del sexo, hablaron de que el esposo y la esposa se satisfagan sexualmente el uno al otro. ¿Cada cuánto debería una pareja tener sexo?

ED: Yo pienso en 1 Corintios 7, donde dice que no debemos privarnos el uno al otro excepto cuando los dos se ponen de acuerdo para orar. Nosotros tratamos de vivir esto. Yo creo que las parejas que están tratando de alcanzar algún porcentaje nacional, o lo que fuese, están perdiendo el punto.

Tenemos que satisfacernos el uno al otro creativamente, intencionalmente, estratégicamente y con amor. Así que cuando uno tenga ganas y el otro no, (y esto es lo que ocurre a menudo)el que tiene menos deseo debe satisfacer a su cónyuge con entusiasmo.

No solamente, "Espera, ¿quieres decir que quieres otra vez esta noche?". El entregarnos sexualmente es parte de nuestro discipulado. Algún día vamos a tener que dar cuenta ante Dios sobre cómo servimos a nuestro cónyuge sexualmente.

Cuando un cónyuge quiere decir no por cualquier razón, debe ser un no con una próxima cita. Hay algunos libros muy buenos sobre el sexo, escritos por escritores cristianos. *The Gift of Sex* [El regalo del sexo], de Clifford Penner, e *Intended for Pleasure* [Intencionado para el placer], de Ed Wheat, son algunos de ellos. Hay muchos más. Yo creo que te ayudarán a responder estas y muchas otras preguntas sobre el sexo con mucho más detalle.

P: ¿Cómo mantienen las llamas de la intimidad ardiendo en su matrimonio?

LISA: Bueno, nosotros trabajamos muy duro para entender, conocer y satisfacer las necesidades de la otra persona. Cuando hablas de intimidad en el matrimonio, hay ciertas necesidades físicas de las cuales necesitan discutir. Pero nosotros encontramos que el romance es una parte muy grande de esta.

Lo que sucede en el dormitorio no comienza ahí. Es un paquete completo, el cual incluye valorarse el uno al otro, lo que nos decimos el uno al otro, y nuestra noche de cita. Tenemos intereses en común y disfrutamos de nuestra relación.

Ed y yo nos divertimos mucho juntos. Yo creo que la creatividad juega un papel muy importante. A los dos nos encanta la emoción que sentimos luego de una nueva cena, una aventura de entretenimiento. La clave es saber cambiar. No vayan siempre a los mismos lugares. Trata de hacer que tu noche de cita no cueste más de $10. Re-crea los eventos de tu salida.

Nosotros nos reímos mucho juntos. Disfrutamos ir a lugares juntos. A veces significa que yo le haga a Ed ciertas cosas que naturalmente no haría. Otras veces, Ed se compromete en mi beneficio. Disfrutamos los animales, la comida vietnamita, y las películas. Los dos también disfrutamos mucho del deporte y los ejercicios. A mí no me gusta mucho la pesca con mosca, pero a él le encanta. Yo puedo comunicarle a Ed lo mucho que lo valoro mirando *shows* de pesca con mosca con él, o trayendo a casa algún nuevo video sobre las técnicas de la pesca con mosca.

A Ed no le interesa el teatro tanto como a mí, pero a veces vamos a ver alguna obra o un musical juntos. Ir a una tienda de antigüedades no es la cosa favorita que le guste hacer, pero a mí sí me gusta. Así que hacemos cosas como estas el uno por el otro.

ED: Tratamos de apreciar los intereses de la otra persona, y eso ayuda. Estoy de acuerdo de que la creatividad es muy importante. Hacemos juntos muchas cosas divertidas, y siempre estamos tratando de hacer cosas nuevas.

Cuando tenemos esos vínculos en común y esas experiencias juntos fuera del dormitorio, y nos comunicamos abiertamente lo que nos gusta y lo que no nos gusta en el dormitorio, esto mantiene la casa en llamas.

P: Ed, tú hablas a menudo de la importancia de la iglesia en la vida de cada seguidor de Cristo. ¿Qué tan importante ha sido la iglesia en tu matrimonio?

ED: Bien, aunque no estuviésemos en el ministerio, todavía buscaríamos los beneficios matrimoniales de estar conectados a una iglesia local. Los cristianos del Nuevo Testamento estaban siempre conectados a una iglesia local. Lo que quiero decir por estar conectados es que ellos asistían juntos como cuerpo, pero también se reunían en grupos pequeños.

Lisa y yo tenemos algunos amigos en nuestra iglesia a los que amamos mucho. Compartimos desafíos y victorias. Estamos detrás de la misma meta: la de glorificar a Cristo en nuestro matrimonio. Es importante exponer tu relación a otros que tienen los mismos valores. Es por eso que hablamos mucho en nuestra iglesia sobre los grupos pequeños, llamados Equipos de Casa.

Si tienes una pareja o eres un adulto soltero, y no estás involucrado en un grupo pequeño en tu iglesia, necesitas involucrarte en las vidas de otros creyentes. Este es un momento en el que puedes aprender de la Biblia, y discutir algunas cosas que son aplicables a cualquier etapa en la que estés en tu vida. También profundizas tu caminar conociendo a otras parejas en un nivel más íntimo. Esto te mantendrá en contacto con parejas que comparten tus mismas creencias y metas.

Yo diría que definitivamente sin la iglesia, nuestro matrimonio solamente sería un cuatro de diez, en vez de ser un nueve de diez, como lo es hoy día.

LISA: La iglesia nos ha enseñado, a través del estudio de las Escrituras, cómo tener una relación diaria con el Señor individualmente. No tenemos un tiempo fijo en casa cuando nos sentamos y abrimos la Biblia, y tenemos devocionales juntos. Ed estudia toda la semana, y tiene su tiempo personal de reflexión. Yo tengo mi tiempo personal de estudio temprano en la mañana. Luego, como familia, a menudo oramos juntos, y leemos las Escrituras antes de cenar. Pero no voy a decir que los devocionales familiares por la noche son una regla para nosotros.

También somos muy proactivos en enseñarles a nuestros hijos aprovechando momentos de enseñanza. Por ejemplo, un día que compartíamos el auto, me di cuenta de que una conversación crítica estaba sucediendo en el auto sobre algunos estudiantes en sus clases y varios profesores. Compartí con ellos algo que había estado leyendo en la Biblia sobre el poder de las palabras, y el impacto que las palabras negativas ejercen sobre nosotros. Así que la influencia de la iglesia y el Espíritu Santo fluyen diariamente en nosotros.

Por supuesto, cuando oramos con nuestros hijos antes de que se vayan a dormir, hablamos con ellos durante ese momento sobre las cosas con las cuales están lidiando.

Lo más importante de la iglesia es que podemos encontrar a otros conectados con Cristo, quienes comparten las mismas metas que nosotros tenemos en nuestro matrimonio, y la manera de criar a los hijos. Esto es de mucha ayuda.

UN PENSAMIENTO FINAL
DE ED YOUNG

Como pastor de una iglesia que crece, y habiendo estado en el ministerio por muchos años, no puedo enfatizar más a cada uno de ustedes que está leyendo este libro sobre la importancia de la iglesia local en la vida de tu matrimonio.

Intencionalmente terminamos este libro con este tema crítico, porque nada de lo que hemos hablado hubiera sido posible sin el apoyo del cuerpo local de creyentes. El aliento mutuo, el servicio de y para otros, la responsabilidad bíblica, y tantos otros aspectos de la iglesia son vitalmente importantes mientras construyen y mantienen sus vidas juntos; y más fundamental aún, el impacto que la iglesia va a hacer en la vida de tus hijos, ahora y para siempre.

Si no sacas nada más de este libro, te insto a que busques una iglesia y te involucres. Sé que puede ser un poco incómodo al principio, pero el esfuerzo vale la recompensa eterna.

Por cierto, si vives en el área de Dallas/Forth Worth, te invito a que visites *Fellowship Church*. Nos encantaría que pudieras descubrir a Dios en un ambiente creativo y dinámico, donde puedes aprender, en maneras prácticas, lo que significa ser un seguidor de Cristo, y disfrutar un matrimonio creativo y duradero.